# 네 가지
# 거룩한 진리와 공空

:: 四聖諦의 모든 것 ::

학산 이상규 지음

도서출판 해조음

## 초전법륜상(初轉法輪像)

인도 사르나트(Sarnath)의 초전법륜 자리에 세워진 물라 간다
쿠티사원(Mula Gandhakuti Vihara)에 모셔졌었으나, 지금은
사르나트 불교박물관으로 옮겨 전시(展示)하고 있다.

## 머리말

사성제(四聖諦)라고 하면 다소 고개를 갸우뚱하는 사람도 고집멸도(苦集滅道)라고 하면 불자(佛子)가 아니어도 웬만한 사람은 어디선가 들어본 말 같다는 반응을 보이는 경우가 많다. 사성제, 곧 네 가지 거룩한 진리라는 이름보다 그 내용이 더 알려져 있음을 알 수 있게 한다.

사성제는 붓다께서 성불하신 뒤 다섯 비구를 상대로 처음으로 행하신 설법, 곧 초전법륜(初轉法輪)의 주된 내용이었을 뿐 아니라, 재세 당시의 설법에 있어 근간(根幹)이 되었고, 반열반(般涅槃)이 임박해서 수발다라 바라문장로에게 하신 마지막 설법이 또한 사성제에 관한 내용일 정도로 중요한 위치에 있는 가르침이다. 그뿐 아니라, 열반경 후분(涅槃經 後分) 유교품(遺教品) 제1에서 볼 수 있듯이, 붓다께서 반열반에 즈음하여 제자들에게 남기신 유교에서 "삼장(三藏)이 있어 항상할 것이니, 이 인연으로 삼보(三寶)와 사성제가 언제나 중생의 귀의처(歸依處)가 될 것이다."라고 하시어 사성제를 중생이 귀의할 대상으로 지적하셨음은 매우 의미 깊은 일이다.

사성제야말로 불교 교리의 근본이라고 할 수 있는 '공'(空)을 바탕에 깔고 있는 불법(佛法)의 근간(根幹)이요, 사성제의 수행덕목(修行德目)인 팔정도(八正道)는 오늘에 사는 사람들이 각자의 구체적인 신앙에 관계없이 마땅히 익혀야할 행위규범(行爲規範)이라고 할 수 있다. 특히 디지털 시대가 되어 비약적으로 발달한 인터넷(internet)과 스마트폰(smart-phone), 에스엔에스(SNS) 및 빅데이터(big-dater) 등 사회적 매체(social media)의 생활화로 빚어진 사회적 병폐 속의 생활에 익숙한 이른바, 밀레니얼(millennial) 및 젯(Z)세대의 부각은 사성제, 특히 팔정도의 생활화를 필요로 하지 않을 수 없게 만들었다.

그런데, 사성제를 중점적으로 다룬 서적은 예상외로 적다. 저자로서는 오래전부터 사성제에 관한 책을 저술해 보려는 생각을 굳혀왔으나, 시간이 나지 않는다는 핑계로 차일피일하다가 이제야 쓰게 되었다. 그러나 막상 쓰다 보니 뜻대로 되지 않은 부분이 한두 군데가 아니지만, 나의 능력 탓이니 어찌할 수 없음을 자괴(自愧)하지 않을 수 없다. 소중한 붓다의 거룩한 가르침에 오점(汚點)이 튀기지 않기를 바라면서, 이 책이 괴로움에 대한 성찰(省察)을 통하여 우리가 겪고 있는 괴로움에서 멀리 벗어나는 길잡이가 되기를 두 손 모아 기원할 뿐이다.

독실한 불심(佛心)으로 항상 좋은 불서(佛書)의 보급을 위하여 노력하는 도서출판 해조음의 이주현 사장께서 이번에도 이 책의 간행을 흔쾌히 맡아주어 고맙기 짝이 없다. 해를 거듭할수록 더해가는 여름 더위가 한풀 꺾였다고는 하지만, 그래도 아직 잔서(殘暑)가 만만치 않은데도, 이 사장께서 직접 편집과 교정을 도맡아 주신데 대하여 깊이 감사드리고, 이 책이 간행될 때까지 모든 수고를 아끼지 않으신 해조음 편집부 여러분의 노고에 고마움을 표한다.

〈나모샤카무니불〉

2019년 秋分에 丹心齋에서

鶴山 씀

일러두기

1. 이 책은 2010년에 펴낸 잡아함의 전법륜경을 중심으로 그에 상응하는 내용의 빨리5부경을 대조하는 형식으로 꾸민 "괴로움에서 벗어나는 길"을 전체적으로 개편하고 개고(改稿)한 것이다.

2. 독자의 편의를 위하여 될 수 있는 대로 한글전용에 힘쓰되, 혼동의 염려가 있는 부분은 괄호 안에 한자나 영문을 함께 적었다.

3. 한자를 병기함에 있어서 한자를 풀어 쓴 곳에는 한자문을 큰 괄호[ ]로 묶어 넣었고, 일반적인 한자의 병기는 작은 괄호( ) 속에 묶어 넣었다.

4. 근년에 영어권에서도 불교에 대한 관심이 많아진 점을 고려하여 불교용어 가운데 필요하다고 인정하는 곳에는 괄호 안에 영어를 함께 적었다.

5. 각주의 쪽 표시에 있어 외국서적의 경우는 p. pp.로, 국내서적의 경우는 '쪽'으로 표시하였다.

차례

머리말
일러두기

들어가면서

제1장 위대한 버림과 성불

# 제2장 성불하신 뒤 처음 가르친 것

# 제3장 여덟 가지 바른 길

# 제4장 후기경에서 보는 사성제

# 제5장 사성제의 실행

# 제6장 '공'과 사성제

# 제7장 현대사회와 사성제

# 들어가면서

    이 세상이 존재하는 궁극적인 목적이 무엇이며, 그 존재의 의의(意義)가 무엇인지는 제대로 알 수 없으나, 우주가 존재하는 것은 엄연한 사실이다. 다만, 우주가 존재하는 것은 '공'(空)을 바탕으로 한 인연(因緣)의 소산(所産)이라는 것만은 이미 과학적으로도 큰 이론(異論)이 없는 것 같다. 그러나 우리 인간이 우주를 구성하는 물질(matter)과 에너지(energy)에 관해서 아는 것은 겨우 5%에 지나지 않고 나머지 95%는 알 수 없는 것, 곧 암흑물질(暗黑物質: dark matter)과 암흑에너지(dark energy)라니, 과학이 극도로 발달하였다는 말이 무색하지 않을 수 없다. 그러니, 우주의 한쪽 구석에 있는 이 태양계의 조그마한 행성(行星: planet), 지구에서 삶을 이어가고 있는 인간이라는 존재가 과연 인간중심적(anthropocentric)인 존재, 곧 인간이 우주의 중심이고 우주의 궁극적인 존재라고 할 만한 것인가? 망상(妄想)치고도 심한 것 같다.

화엄경에 의하면 "삼계(三界)[1]는 오직 마음뿐이다."[三界唯心]라거나, "모든 것은 오직 마음이 만들 뿐이다."[一切唯心造]라는 가르침이 눈에 띈다. 여기에서 마음[2]이란 단순히 지각(知覺) 뿐만 아니라, 인식(認識: cognition)이나 감정(感情: emotion) 및 모든 정신적인 요소를 포함하는 개념이라고 할 수 있다. 사람, 정확히 말하여 사람의 마음은 예외없이 행복하기를 바란다. 그러나 바라는 행복은 어디에 있는지 손이 미치지 않고, 오히려 매일의 삶은 고달프고 괴로운 상태를 벗어나지 못하는 것이 예사(例事)이니, 한심한 일이 아닐 수 없다. 어쩌다 즐거운 일이나 기쁨이 찾아드는 일이 없지는 않으나, 그것을 제대로 맛보기도 전에 벌써 떠날 채비를 하니 안타까운 일이 아닐 수 없다. 이른바, "가난한 행복"과 "풍요 속의 고뇌(苦惱)"를 눈여겨보지 않을 수 없게 한다.

사람이라는 것은 살아있는 동안 잠자는 시간을 제외하고는 항상 밑도 끝도 없는 갖가지 생각을 이어가면서 성인(成人)이 되어감에 따라 '자기' 또는 '나' 라는 것은 그 자체의 실체(實

---

**1** 삼계(三界)란 욕계(欲界), 색계(色界)와 무색계(無色界)의 세 경계를 가리키는 말이다.

**2** '마음'을 영어권에서는 'mind'로 부르는 것이 보통이나, spirit나 heart로 부르는 예도 적지 않다.

體: reality)가 있는 것처럼 생각하고, 그 '나'를 굳건히 지키고 조금이라도 더 낫게 하려는 매일을 보내고 있다고 해도 과언이 아니다. 아침에 집을 나서면서는 잘못하여 사고가 나는 일이 없도록, 뜻하지 않은 말썽이 생기지 않도록 정신을 차리는 것이 보통이다. 집에 있는 부모나 배우자는 조심해서 다녀오라는 당부를 잊지 않는 것이 입버릇이 된다. 그러나 이와 같은 일은 결국 '나'라는 작은 울타리를 치고 경계선을 그어 그 속에 '나'를 가두어 놓는 것임을 이해하지 못한다. 더욱이, 그 울타리 속에 갇힌 '나'는 조금이라도 '자기' 울타리의 범위를 넓히려 애를 쓰는 삶을 이어가는 것이 일이고, 그러자니 갖가지 문제를 스스로 불러오기 마련이다.

사성제(四聖諦: four Noble Truth), 곧 네 가지 거룩한 진리는 비교적 널리 알려진 대로 사람이면 거의 예외없이 늘 경험하는 괴로움에서 벗어나는 길을 가르치신 불법의 핵심이라고 할 수 있다. 사성제는 붓다께서 성불하신 뒤 처음의 설법, 곧 초전법륜(初轉法輪)에서 말씀하신 주제(主題)임은 물론, 붓다께서 반열반(般涅槃)에 드시기 직전, 곧 마지막 설법에서 수발다라(須跋多羅)에게 가르치신 내용일 뿐만 아니라, 붓다의 45년에 걸친 설법에서 가장 많이 다루신 내용이기도 하다.[3]

사성제의 가르침은 여러 면에서 매우 중요한 의미를 지니고 있는 것이어서, 이를 간단히 살펴볼 필요가 있다. 첫째로 들 수 있는 것은 붓다의 출가목적(出家目的)과 직결된다는 점이다. 카필라(迦毘羅: Kapila)국 슛도다나(Shuddhodhana: 淨飯王)왕과 마야부인(摩耶夫人) 사이의 아들로 태어난 싯달타(Siddhartha) 왕자는 무엇 하나 부족함이 없는 호화스런 궁중생활 속에서 성장하였으나, 출생한지 7일 만에 어머니를 여윈 상념(想念)으로 괴로워한 예가 적지 않았을 것은 매우 자연스런 일이다. 그러던 중에 이른바, 사문출유(四門出遊)를 통하여 늙어 허리가 구부러져 숨을 헐떡이며 겨우 걸어가는 노인, 병이 나서 뼈만 앙상하게 남아 길거리에 쓰러져 있는 모습, 죽은 사람의 시체를 포대(布袋)에 넣어 지고 가는 모습과 모든 것을 초탈(超脫)한 듯 초연하게 지나가는 사문(沙門)의 모습을 본 싯달타 왕자로서는 사람이라면 누구나가 안고 있는 괴로움은 어디에서 오는 것이고, 그 괴로움을 없애는 길은 없을까? 하는 문제의식에 골몰하는 예가 많아진 것이 사실이다. 싯달타 왕자가 뒷날 마침내 서구의 철학자들에 의하여 '위대한 버림'(the Great Renunciation)으로 칭송되는 출가(出家)에 이르게 된 제1차적인

---

**3** 초기경(阿含經) 가운데 주된 네 경(經)과 60여 경에서와 후기경 가운데 특히 화엄경(華嚴經)과 열반경(涅槃經)에서 각각 사제품(四諦品) 등으로 다루어져 있다.

목적이 바로 인간이면 누구나 겪지 않을 수 없는 괴로움과 그원인 및 그 괴로움에서 벗어나는 길을 참구(參究)함에 있었다는 것은 오히려 자연스러운 일이었다고 하겠다. 이와 같이 볼때, 사성제야말로 바로 붓다의 출가목적에 직결되는 것임을알 수 있다.

다음으로 볼 수 있는 것은 사성제는 붓다의 45년에 걸친 중생교화(衆生敎化)의 과정에 있어 가장 많이 말씀하시고 또 강조하신 가르침이라는 점이다. 특히, 성불하시어 처음으로 하신설법인 이른바, 초전법륜(初轉法輪)에서의 주된 내용이 바로 사성제였다는 점[4] 및 붓다의 마지막 설법인 수발다라에 대한가르침의 주된 내용이 사성제였다는 것은 결코 우연한 일이아니다. 이와 같이 볼 때, 사성제의 중요한 의의(意義)와 교법(敎法)으로서의 중요한 위치는 아무리 강조하여도 지나침이 없는 일이라고 할 수 있다. 더욱이, 반열반이 임박한 상태에서붓다께서는 슬픔에 젖어 붓다의 반열반에 임하고 있는 제자들에게 남기신 마지막 유교(遺敎)에서 "부처가 비록 열반하나사리(舍利)가 있어 항상 공양이 있고, 또 위없는 법보(法寶)인 수다라장(修多羅藏)과 비나야장(毘那耶藏)과 아비달마장(阿毘達磨藏)

--------------------

**4** 잡아함 15: 379 전법륜경(轉法輪經).

이 있어 이 인연으로 삼보(三寶)와 사제(四諦)가 세상에 항상 머물러 능히 중생으로 하여금 깊은 마음으로 귀의(歸依)하게 하니라."라고 말씀하시어[5] 사성제를 삼보와 같은 반열의 귀의처로 명시하시기까지 하신 것이니, 사성제야말로 붓다의 가르침의 핵심이라고 할 수 있음을 알 수 있게 한다.

---

**5** 저자, 열반경 역해(하), 2018, 608쪽.

제 **1** 장

위대한 버림과 성불

# I  기원전 5, 6세기의 인도

## 1. 아리아인의 진출과 지배

러시아의 남부와 중부유럽의 초원지대에서 주로 농사를 지으며 목축(牧畜)에 종사하던 인도-유럽어족인 아리아인(Aryan)들은 평원을 따라 중앙아시아를 거쳐 기원전 2000년경에 이르러 인더스강(R. Indus) 유역까지 진출하여 그곳을 자기들이 지배하는 곳으로 만들었다. 그러나 인더스강 유역에 아리아인들이 진출한 것은 군사적인 침략이나 집단적인 이주(移住)라기보다는 농지와 목초지와 수리(水利)를 따른 오랜 기간을 통한 이동으로 자연스럽게 이루어진 것이라고 할 수 있다. 그들의 목적은 오로지 안전하게 농사와 목축에 종사함으로써 안정되고 풍요로운 생활을 유지하는데 있었다고 해도 과언이 아니다. 그렇기 때문에, 그들은 농사와 목축에 적합한 새로운 땅을 찾아 항상 옮겨 다니는 생활에 익숙하였고, 마침내 히말라야산맥의 남동쪽으로 뻗은 야무나강(R. Yamuna)과 강가강(R. Ganga)[6]이 만나는 곳에 위치한 '카우삼비'와 '카시'에까지 진출하여 기원전 10세기경에는 그곳이 그들의 정착지(定着地)가

---

**6** 강가강은 영국 식민지 당시의 영국명인 간지스강(Ganges강)의 복고(復古)된 현재 이름이다.

25

된 것이다. 아리아인들 가운데 소수는 자기들의 부족(部族)에서 이탈하여 강가강 유역을 따라 동쪽으로 이동함으로써 멀리 바라나시나 마가다에까지 이른 사람도 있으나, 그것은 아리아인의 집단적인 이주(移住)와는 관계없는 개별적인 것이었고 할 수 있다.

아리아인들이 지배하는 정착지라고 해도 기원전 10세기경까지는 국가가 아님은 물론, 권력적인 지배체제도 확립되지 않은 생활집단에 불과했다고 할 수 있다. 그러나 정착지의 규모가 커지고 인구가 늘어남에 따라 점차로 지배자와 지배체제가 갖추어지는 한편, 원주민을 통제하기 위한 제도가 모색되고 확립되기 시작하였다. 그 대표적인 예로 들 수 있는 것이 이른바, 후기(後期) 베다(Veda)[7]시대의 전개라고 할 수 있다. 곧, 도래자(到來者)들이 선주민(先住民)의 문화와 융합하되 제도적으로 그들의 우위(優位)를 확보하는 정신적 제도적 장치가 마련된 것이라고 할 수 있다. 지고(至高)의 창조신(創造神)인 브라흐마(Brahma)를 섬기는 바라문교(Brahmanism)를 정신적 지주(支柱)로 삼고, 바라문(Brahman), 귀족(kshyatria), 산업종사자

---

**7** 베다(veda)란 인도에서 가장 오래된 종교문헌으로 꼽히는 브라만(Brahman)교의 성전(聖典)을 가리킨다.

(Vaysha) 및 천민(sudra)라는 엄격한 신분계층을 내용으로 하는 사성제도(四姓制度: caste)[8]를 사회제도로 확립하기에 이른다.

## 2. 기원전 5, 6세기의 인도

모든 것이 그러하듯, 기원전 600년 무렵에 이르러 인도 북동부에 있어서의 아리아인의 지배는 쇠퇴(衰頹)하고 베다시대도 빛이 흐려져 가게 되었다. 인도는 16개 대국(大國)의 지배아래 수많은 작은 나라들이 대국의 비위를 맞추면서 그 존재를 유지하고 있었다. 특히 아리아인의 지배가 사라진 인도 북동부에는 코살라(憍薩羅: Kosala)와 마가다(摩竭陀: Magadha)라는 두 대국이 있고, 그 안에 여러 작은 나라들이 있어 한편으로는 대국을 받들고, 한편으로는 이웃 작은 나라들이 서로 침략할 기회를 엿보는 매우 불안한 나날을 보내는 상황이었다. 그뿐 아니라, 바라문들의 발호(跋扈)를 비롯한 사성제도로 인한 피해의식(被害意識)의 만연(蔓延)에 따르는 사회적 불만도 이만저만한 것이 아니었다. 일종의 과도기적(過渡期的) 사회의 모습에 가까웠다고 할 수 있다.

---

8 사성(四姓) 가운데 상층계층은 아리아계(系)가 차지하고, 주로 비(非)아리아계(系)의 원주민은 천민(賤民: Sudra)이 되었다: 암스트롱(Karen Armstrong)/정영묵 역, 축의 시대(The Great Transformarion, 2006), 2010, 51쪽.

대국과 소국이 겹쳐 존재함으로 인한 정치적 폭력이라거나, 사회적인 신분계층으로 인한 비인간적(非人間的)인 행동 등을 일상적으로 경험해야 하는 처지에서 사람들은 불안과 불만이 쌓여 아노미(anomy)현상을 겪지 않을 수 없게 된 것이 사실이다. 사람들은 그들의 괴로움과 불안을 덜어줄 "무엇인가?"를 그리지 않을 수 없고, 결국 그 무렵의 인도에 새로운 철학적 종교적 주장을 내세우는 학파들이 우후죽순(雨後竹筍)처럼 나타난 원인이 된 셈이다. 고대인도에서의 우파니샤드(Upanishad)나 베다경전에도 눈을 돌리지 않고 자아(自我)를 최고의 실재(實在)로 주장하는 산자야비라기자(刪闍耶毘羅胝子)의 회의론(懷疑論)을 비롯하여, 뒤에 붓다께서 육사외도(六師外道)라고 하신 부란나가섭(富蘭那迦葉)의 보응부정론(報應否定論), 말가리구사리자(末伽梨拘賒梨子)의 운명론(運命論)[9], 아기다시사흠바라(阿耆多翅舍欽婆羅)의 유물론(唯物論), 가라구타가전연(迦羅鳩馱迦旃延)의 유물론적인 주장과 니건타야제자(尼犍咤若提子)의 수정론적(修訂論的) 바라문교가 그들이며, 자이나(Jaina)교가 고개를 들고 일어난 것도 그 무렵의 일이다. 자이나교의 교주로 알려진 마하비라(Mahavira)는 철저한 비폭력과 극한적(極限的)인 불살생(不殺生)의 생활화를 최고의 가치로 내걸었다.[10] 그러나

---

**9** 불교에서는 사명외도(邪命外道)라고 부른다.

이러한 새로운 가치관의 어느 하나도 당시 사람들의 공허(空虛)한 심정을 메워줄만한 것은 되지 못하고 공리공론(空理空論)의 테두리를 벗어나지 못하였다.

### 3. 새로운 가치관과 선각자(先覺者)의 고대(苦待)

기원전 6세기 후반 경부터 인도, 특히 북동부 인도에서는 사람들이 불안과 공허감(空虛感)이 팽배한 혼돈의 나날을 보내면서 새로운 가치관을 갈망하고, 그들을 이끌어줄 선각자(先覺者)의 출현을 고대하는 상황에 있었다. 뒷날 성불(成佛)하실 싯달타 왕자가 태어나신 것은 바로 그 무렵의 일이다. 산월(産月)이 가까워온 마야(Maya)부인은 분만을 위하여 친가(親家)로 가던 중,[11] 화창한 날씨에 계절에 맞는 꽃들이 만발한 룸비니(Lumbini)동산에 이르러 그곳에서 잠깐 쉬기로 하였다. 동산 어귀에서 쉬던 중, 뜻하지 않게 오른 손으로 무우수(無憂樹) 가지 하나를 잡고 싯달타 왕자의 탄생을 보게 된 것은 이미 잘 알려진 사실이다.

---------------------

**10** 자이나교에서는 나체(裸體)로 생활하기 때문에 나체주의(裸體主義)로도 통한다.

**11** 저자가 어릴 적까지의 우리나라 풍습도 그러했듯이, 당시의 인도에서도 여자는 산월(産月)이 되면 으레 친가(親家)로 가서 분만(分娩)한 다음, 아이가 적어도 100일이 지난 뒤에 아이와 함께 시가(媤家)로 돌아가는 것이 전통적 풍습이었다.

뜻하지 않게 룸비니동산에서 왕자를 출산(出産)한 마야부인은 친가로의 길을 되돌려 카필라바스투(Kapilavastu)로 돌아오니 카필라국을 다스리는 샤카족 숫도다나왕의 기쁨이 어떠했을지는 짐작하고도 남음이 있는 일이다. 그러나 그 기쁨이 채 가시기도 전에 마야부인은 싯달타 왕자를 출산한지 7일 만에 세상을 떠나고 말았으니, 어린 왕자로서는 어머니의 인상조차 기억할 수 없는 때의 일이다. 싯달타 왕자로서는 태어나자마자 삶의 무상(無常)함을 직접 경험하게 된 셈이다.

그로부터 얼마 지나지 않아 카필라바스투의 왕궁에는 설산(雪山)의 진객(珍客)이 찾아왔다. 설산의 선인(仙人)으로 알려진 아시타(Ashitha) 도인(道人)이 찾아온 것이다. 아시타 선인은 그를 반갑게 맞이하는 숫도다나왕에게 갓난 왕자를 보기를 원하자, 왕은 강보(襁褓)에 싸인 왕자를 안고 나와 보여 주었고, 왕자를 자세히 살펴본 선인은 말하기를 "이 아이는 자라서 그대로 세속에 머무르면 전륜성왕이 될 것이고, 세속(世俗)을 등지고 출가하면 부처가 되어 널리 중생을 제도할 것이요."라고 말한 뒤, 말없이 눈물을 흘렸다. 괴이하게 생각한 왕이 까닭을 묻자, 선인은 "내 명이 얼마 남지 않아 왕자가 성불하는 것을 볼 수 없는 것이 안타까울 뿐이요."라고 대답하고는 바로 일어나 궁성(宮城)을 빠져나갔다.

무럭무럭 자라는 왕자의 범상치 않은 모습을 보는 숫도다 나왕으로서는 기쁘기 짝이 없었으나, 한편으로는 왕자의 출가를 예언한 아시타 선인의 말이 늘 마음 한 구석을 차지하여 불안하기 짝이 없었다. 왕으로서는 왕자가 다른 생각을 하지 않도록 궁(宮) 안에서의 생활을 호사스럽고 즐겁게 하기 위하여 늘 아름다운 여인들이 시중들고 무엇 하나 부족함이 없도록 함은 물론, 부정하거나 근심스러운 것을 접하지 못하도록 하기 위하여 성문 밖 출입을 엄히 금하도록 하였다. 그러니, 싯달타 왕자의 궁중생활은 실제의 세상과는 동떨어진 미망(迷妄) 속의 삶이었던 셈이다.

　그러나 아무리 왕자의 성문 밖 출입을 금한다고 해도 이미 성년에 이른 왕자의 거동(擧動)을 하나하나 챙길 수는 없는 일이고, 결국 사문출유(四門出遊)로 알려진 바와 같이 화창한 봄날에 바깥 풍광(風光)을 즐기기 위하여 성문을 나가게 된다. 몇 차례의 성문 밖 나들이에서 아름다운 풍경을 보거나 즐거운 일도 있었지만, 왕자에게 큰 고뇌(苦惱)를 안겨주는 일이 훨씬 많았다. 농사 준비를 위하여 소가 끄는 쟁기로 밭을 가는 검게 타고 땀범벅이 된 얼굴의 농부는 물론, 힘들어 숨을 헐떡이며 침을 흘리면서 쟁기를 끄는 고통스러운 소의 모습과 쟁기 끝에 갈려나와 꿈틀대는 굼벵이를 보고 삶의 고통을 느끼지 않을 수 없었다. 또, 다른 날에는 수척하고 허리가 굽어 지팡이에 의지하여 겨우 걸어가는 노인과 병들어 신음하며 나무 밑에 누워 숨을 헐떡이는 병자를 보고 노쇠하여 병드는 삶의 필연적인 과정을 한탄하고, 가족들이 죽은 이의 주검을 들것에 메고 가는 것을 보고 생겨난 것의 무상함을 느끼지 않을 수 없었음은 오히려 당연한 일이었다고 하겠다. 그러던 어느 날 성문 밖을 나간 길에 한 사문(沙門)이 초연한 모습으로 걸어오는 것을 보는 순간 불현듯 출가(出家)에 대한 생각이 밀려드는 것을 느꼈다.

아노미현상(anomy現象)이 팽배한 당시의 인도에서는 세상을 등지고 사문의 길을 걷는 사람을 나약한 낙오자로 보지 않고, 오히려 존경의 대상으로 여겼다. 왜냐하면, 수도자(修道者)들은 남들에게 정신적인 도움을 줄 수 있는 지혜를 기르기 위하여 스스로 희생을 기꺼이 받아들이는 사람으로 여겼다. 그렇기 때문에, 사람들은 탁발(托鉢)하는 사문들에게 보시(布施)하는 것을 자기의 복을 쌓는 것으로 인정하고, 좋은 음식을 조금이라도 더 많이 보시하려 하였던 것은 짐작할 만한 일이다.

# II 왕자의 출가

## 1. '위대한 버림'

서구의 철학자들, 특히 불교철학자들이 일찍부터 싯달타 왕자의 출가(出家)를 두고 한 유명한 말이 "위대한 버림"(the Great Renunciation)이다. 궁중의 호화로운 생활과 부귀영화는 물론, 아리따운 아내 야쇼다라(Yashodhara)와 갓 태어난 아들 라훌라(Rahula) 및 왕자의 지위, 그리고 당연히 그에게 돌아올 왕위마저 헌신짝처럼 버리고, 정처 없이 사문(沙門)의 고행(苦行) 길에 들어섰기 때문이다. 이에 관하여 로페츠 교수는 주장하기를 "그가 버린 것은 세습적(世襲的)인 왕자의 직위뿐이 아니다. 붓다는 귀족계급의 세습이라는 관념 자체를 거부하고, 그 대신 지혜에 바탕을 둔 지위[貴族]를 주장하였다. ... 그는 출생과 혈통과 언어에 있어 고귀할 뿐만 아니라, 정신적으로 고귀함을 이루기 위하여 그의 왕족으로서의 신분을 포기하였기 때문에 더욱 고귀하다."[12] 라고 한 것이 그것이다. 그러면 싯달타 왕자는 무엇을 위하여 그러한 엄청난 결심을 하고 주저함이 없이 실행에 옮겼을까?

---

**12** Lopez, Scientific Buddha, 2012, p. 41.

마명(馬鳴: Ashvaghosha) 대사의 불소행찬(佛所行讚: Buddhacarita)에 의하면 싯달타 왕자는 앞에서 본 바와 같이, 성 밖의 풍광을 즐기고 백성들의 삶의 모습을 보기 위한 성문 밖 나들이에서 수척하고 허리가 굽은 노인, 병들어 헐떡이는 병자, 죽어 들것에 들려나가는 주검을 보고 큰 놀라움과 깊은 슬픔에 젖어 인생이 직면(直面)하고 있는 고뇌(苦惱)에 대한 인식이 더욱 깊어지게 되었다. 이 세상에 태어난 지 7일 만에 어머니 마야(Maya)부인의 죽음을 맞음으로써 어머니의 모습에 대한 기억조차 없는 왕자로서는 어머니에 대한 깊은 상념(想念)과 겹쳐 사람이 겪는 괴로움에 대한 인식이 날로 깊어지지 않을 수 없었다. 노인, 병자 및 주검을 자기의 눈으로 직접 보고 인생의 무상(無常)함과 괴로움에 대한 생각이 얼마나 깊었을지는 짐작할 만한 일이다.

사람들 가운데에는 "사람이라면 누구나 다 아는 늙고, 병들며, 죽는다는 사실을 어찌 왕자는 잘 몰랐을까?"라는 의문을 갖는 이도 있을 것이다. 그러나 왕자는 부왕(父王)이 정성껏 마련한 화려하고 호사스런 궁중에서 사람의 장막에 가려 병자나 노인 또는 주검을 접할 기회가 없는 현실과는 동떨어진 생활을 해왔다. 왜냐하면, 왕자가 룸비니동산에서 태어나 궁중에 들어온 지 얼마 되지 않아 궁성을 찾아온 설산(雪山)의 아시타(Ashitha) 선인의 말이 항상 숫도다나왕의 머리 한 구석을 맴돌고 있었기 때문이다. 위에서 설명한 바와 같이 왕자를 본 아시타 선인이 왕에게 "32상을 갖춘 이 아이는 장차 성장하여 속세에 머무르면 전륜성왕(轉輪聖王)이 될 것이고, 만일 출가하여 수행하면 온 세상의 중생을 제도할 부처가 될 것입니다."라고 말하였다. 그러면서 아시타 선인이 눈물을 흘리는 것을 본 부왕은 한편으로는 기뻐하면서도, 한편으로는 선인이 눈물을 흘리는 것을 괴이하게 여겨 왜 눈물을 흘리는지를 묻자, 선인은 "내 수명이 거의 다 되어 이 세상에 부처가 출현하는 것을 볼 수 없는 것이 슬플 뿐입니다."라고 대답한 뒤에 곧 성을 빠져나갔다고 함은 앞에서 이미 설명한 바와 같다.

그런 일이 있은 뒤로 숫도다나왕은 혹시라도 왕자가 출가수행(出家修行)에 마음을 둘까 걱정되어, 주변 사람들을 철저히 단속하여 왕자 주변에 마음을 흐리게 할 일체의 모습을 접근시키지 않도록 단속하였다. 그러면서, 왕자가 궁중의 생활을 즐길 수 있도록 아름다운 궁녀들로 둘러싸고 노래와 춤 따위로 호사스런 생활을 하도록 하였다는 것을 초기경(初期經)과 불소행찬은 소상히 전하고 있다. 그러니, 그런 제한된 울타리 안에서 생활하던 왕자가 노인, 병자, 죽은 사람들의 실상을 보고 깊은 상념에 잠길 것은 짐작하기에 어렵지 않다.

## 2. 성을 떠나다

그런 싯달타 왕자의 눈에는 사람의 삶은 괴로움으로 점철(點綴)된 과정으로 밖에는 보이지 않았다. 그 과정은 출생으로 시작하여 '노화(老化), 병(病), 죽음, 근심과 슬픔'으로 이어지며, 이러한 보편적인 과정은 어느 누구도 예외일 수 없는 엄연한 법칙으로 여겨졌다. 호사스런 생활이나 젊고 아름다운 여인을 보아도 아무런 의미도 없는 하찮은 일시적인 현상으로 생각했을 뿐이다. 그러자니, 노쇠한 늙은이를 보거나 병으로 일그러진 사람 또는 죽어 들것에 들려 가는 주검을 볼 때에도 불쾌하다는 느낌이 생길 여유조차 없었다.

싯달타 왕자는 인간이면 누구나 겪어야 하는 괴로움의 과정에서 벗어나 자유로워질 수 있는 길을 스스로 발견할 수 있을 것으로 믿었다. 그는 당시의 많은 종교인들처럼 신(神)이라거나 미지의 세계에서 오는 구원(救援)에 기대지 않고, 스스로의 노력으로 자신 안에서 해답을 찾으려 마음먹었다. 싯달타 왕자는 그가 굳게 마음먹은 바를 이루려면 궁성을 떠나 고행자(苦行者)의 길에 들어서는 수밖에 없다는 것을 확신하고, 출가의 기회를 찾고자 했다. 그러나 왕자가 행여 몰래 출가하지나 않을까 하는 걱정에 싸인 숫도다나왕은 왕자의 출가하려는 마음을 누그러트리기 위해서 아리따운 궁녀들과 악사들로

36

하여금 왕자의 곁을 떠나지 않고 늘 즐겁게 하도록 명하는 한편, 궁성(宮城)의 문지기와 왕자의 시자(侍子) 찬다카(Chandhaka)에게 왕자가 궁성을 나가는 일이 없도록 엄명(嚴命)을 내렸다.

실낱같은 초승달이 어스름한 밤이었다. 그날은 왕자를 기쁘게 하기 위한 큰 향연(饗宴)이 있은 뒤라서, 궁녀들과 악사들은 모두 지쳐 곤한 잠에 떨어져 있었다. 그날 밤이 성을 벗어나기에 좋은 기회라고 생각한 왕자는 먼저 왕자비(王子妃)의 방으로 가서 잠들어 있는 아내 야쇼다라(Yashodhara)와 그 옆의 갓난 아들 라후라(Rahula)를 번갈아가며 한동안 내려다 본 뒤에, 말없이 그들을 뒤로하고 밖으로 나와 시자 찬다카를 깨워 말하였다.

"빨리 칸다카(Kanthaka)를 끌어내 안장을 채워라. 나는 오늘밤 이 성을 떠나 죽음이 없는 곳에 이르려 한다." 이것이 싯달타 왕자의 나이 29세이던 기원전 595년 2월 8일(음력)의 일이다.

'나는 생사를 벗어난 진리의 언덕에 이르기 전에는 이 카필라바스투에 돌아오지 않으리라.' [13]라고 사자후를 토한 후, 성을 빠져나온 왕자는 저녁내 남쪽을 향하여 달려 새벽녘에는 카필라국의 경계를 넘어 강가강(R. Ganga)의 지루(支流)인 고글

---

**13** 불소행찬 5. 84.

라천 상류에 이르렀다. 그곳에서 왕자의 화려한 복장과 장식을 모두 풀어 시자 찬다카에게 준 다음, 사냥꾼 옷으로 갈아입은 왕자는 혼자 돌아가기 싫어하는 찬다카와 애마(愛馬) 칸다카를 억지로 돌려보냄으로써 비로소 한 사람의 고행자가 되었다.

여기에서 우리는 싯달타 왕자가 출가한 참뜻이 무엇이었는지를 다시 한 번 되새겨볼 필요가 있다. 앞에서 간단히 살펴본 왕자의 출가 과정을 통해서도 알 수 있듯이, 왕자의 '거룩한 버림'(the Great Renunciation)은 사람이라면 예외없이 누구나 직면하고 있는 생노병사(生老病死)의 괴로움과 살아가는 과정과 함께 하는 여러 가지 고뇌(苦惱)가 어디에서 온 것인지를 구명(究明)하고 그 괴로움에서 벗어나는 길을 깨달아 중생을 교화(敎化)함으로써 괴로움이 없는 해탈(解脫)의 세계로 이끌기 위한 것이었음을 되새겨야 할 일이다.

# III 출가와 수행에서 구한 것

## 1. 출가의 목적

싯달타 왕자가 출가에 이르게 된 직접적인 목적은 위에서 간략히 살펴본 바와 같거니와, 그 목적은 사성제(四聖諦)는 물론, 45년에 걸친 붓다의 활동을 이해함에 있어서 매우 중요한 의미가 있는 것이어서, 다시 한 번 짚고 넘어가려고 한다.

싯달타왕자의 뇌리(腦裏)에 깊이 박혀 한때도 떠나지 않았던 것은 인간이면 누구나 벗어날 수 없는 '태어나 늙고 병들며 죽는[生老病死] 괴로움'과 삶의 과정 그 자체라고 할 수 있으리만큼 항상 사람을 괴롭히는 '고뇌(苦惱: agony)'를 벗어나 자유로운 해탈의 경지에 이르는 길을 찾는 것뿐이었다. 그는 우리가 의지하고 있는 불교(佛敎)라는 종교의 창시자(創始者)가 된다는 생각은 꿈에도 없었음은 물론, 오로지 모든 중생이 겪고 있는 괴로움과 번뇌의 원인을 구명(究明)하고 그로부터 벗어나 자유로운 해탈을 얻을 수 있는 길을 모색(摸索)함에 모든 것을 걸었다. 그러므로 그에게는 맹목적인 믿음이나 형이상학적(形而上學的)인 문제보다도 스스로의 지혜에서 우러난 이해(理解)와 확신(確信) 및 실천(實踐)만이 중요한 과제였음은 당연한 일이다.

싯달타 왕자의 출가로부터 약 2500년이라는 긴 세월이 흘러간 오늘에 사는 인간의 모습은 어떠한가? 한마디로, 물질적인 풍요와 과학기술의 비약적이고 극단적인 발전을 제외하고 본다면, 인간의 삶은 겉에 나타난 현상이 변하였을 뿐 본질적인 변화는 없다고 해도 결코 지나침이 아닐 것이다. 당시와 마찬가지로 우리는 정치적 폭력의 시대에 살고 있으며, 세계 도처에서 벌어지고 있는 인간이 인간에게 저지르는 비인간적인 행동을 보면서 불안에 떨고, 아노미(anomy)현상[14]에 시달리고 있다. 더욱이, 인터넷(internet)과 스마트폰(smart-phone)의 생활화는 물론, AI나 VR의 만연은 현실과 비현실의 혼동을 가져왔을 뿐만 아니라, 진지한 탐구에서 단순한 접속(接續)과 검색의 시대로 이끌고, 끝을 모르는 치열한 경쟁은 사람들을 '빨리빨리' 라는 협곡(峽谷)으로 몰아넣고 있는 것이 사실이다. 그러니, 싯달타 왕자의 고뇌(苦惱)는 단순히 당시의 사람들 만에 관한 것이 아니라, 현대에 사는 중생에게도 그대로 유효성(有效性)을 지닌 것이라고 할 수 있다.

---

**14** 아노미(anomy)현상이란 프랑스의 사회학자 에밀 뒤르켐(Emile Durkheim)이 쓰기 시작한 말로, 행위의 공통적인 가치나 도덕적인 기준이 없는 혼동현상을 가리킨다.

## 2. 수행에서 구한 것

싯달타 왕자가 출가하여 수행함으로써 마침내 이 지구상에서 처음으로 큰 깨침[大覺]을 이루기까지의 고행(苦行: ascetic practise) 과정은 다음의 세 단계로 나눌 수 있다. 곧, 첫 단계는 출가 직후에 알라라 칼라마 및 웃다카 라마푸트라와 함께 한 수행이고, 둘째 단계는 홀로 대외산(大畏山)의 고행림(苦行林)에 들어 6년간에 걸쳐 사람의 상상을 초월하는 고행을 단행한 시기이며, 마지막 단계는 우루벨라(Uruvela)의 나이렌자나강 건너 나지막한 언덕에 있는 핍팔라(pipphala)나무[15] 밑에서 선사(禪思)에 몰입한 시기이다.

### 1) 출가 직후의 수행:

싯달타 왕자가 출가하여 시자(侍子) 찬다카와 헤어진 곳은 박가(baggha) 선인의 암자(庵子)에서 그다지 멀지 않은 곳이었다. 이제 막 왕자의 신분에서 수행자 고타마 싯달타가 된 그는 박가 선인의 암자를 향하여 천천히 발길을 옮겼다. 그 암자는 수행자들로 어수선하였는데, 수행자들은 자기네 암자를 향하여 천천히 올라오고 있는 기품 있는 청년을 보고 모두 눈이 휘둥그레졌다. 궁성에서 나온 지가 얼마 되지 않은 터라 건장하

---

**15** 붓다께서 성불하신 뒤에 보리수(Boddhi-tree)로 명명되었다.

고 늠름한 체격에 고상하면서도 수려한 얼굴은 보는 이들을
압도하고도 남음이 있었다. 마침 그때 화목(火木)을 장만하려
고 산에 올라갔던 박가 선인이 돌아와 그 모습을 보았다.

싯달타는 박가 선인과 몇 마디의 대화를 나눈 끝에, 여기는
자기의 출가목적을 이루는 데에는 별로 도움이 되지 않음을
알고 속으로 크게 실망하였다. 그 기색을 보고 싯달타의 마음
을 짐작한 박가 선인은 말하기를 "당신의 결심이 확고하다면
바로 빈디야 동굴(vindhya-koshtha)에 사는 알라라 칼라마(Alara
Kalama)를 찾아 가시오."라고 일러 주었다. 수행자 싯달타는
그곳을 떠나 바로 빈디야 동굴로 알라라 칼라마를 찾아갔다.
알라라 칼라마는 당시 수행이 깊은 대덕(大德)으로 무소유처
(無所有處)를 성취함으로써 그 명성이 널리 알려진 사람이어서
그를 찾는 이가 많았을 뿐만 아니라, 그를 따르는 제자도 많
았다.

빈디야 동굴로 알라라 칼라마를 찾아간 싯달타 왕자는 대
덕이 지도한 바에 따라 홀로 멀리 떠나 비고 고요한 곳에 머물
며 마음에 방일(放逸)함이 없이 수행하고 정근(精勤)한지 오래지
않아 그 법을 모두 증득(證得)하게 되었다. 싯달타는 곧 스승
알라라 칼라마를 찾아가자, 그는 싯달타의 수행이 이미 자기

와 같은 경지에 이르렀음을 알고, "당신도 여기에 머무르면서 나와 함께 대중을 거느리지 않겠소?"라고 제의하였으나, 수행자 싯달타는 그러한 알라라 칼라마의 간곡한 청을 뒤로 하고, 웃다카 라마푸트라(Uddhaka Rhamaputra)의 처소를 찾아 떠났다.

당시, 명성이 자자한 대덕인 알라라 칼라마가 함께 있자는 청을 하는데도 마다하고 그곳을 떠난 것은, 그곳에서는 싯달타 왕자가 출가한 참뜻을 이룰 수 없다고 여겼기 때문이다. 알라라 칼라마의 경지는 무소유처(無所有處)에 머물러 마음의 안온과 기쁨을 얻는데 그칠 뿐, 왕자가 출가한 뜻인 생로병사의 괴로움을 벗어나 해탈을 이루는 길을 추구하는 것과는 거리가 먼 것이었기 때문이다. 싯달타가 두 번째로 찾아간 웃다카 라마푸트라는 당시 마가다(Magadha)국에서 가장 높은 경지에 이른 수행자로 이름이 나 있던 사람이다.

웃다카 라마푸트라는 수행자 싯달타가 자기를 찾아온 뜻을 알고, 자기는 이미 무소유처를 지나 비유상비무상처(非有想非無想處)를 성취하여 노님을 말하면서, 구체적으로 수행방법을 알려주었다. 왕자는 그의 지도에 따라 수행에 정진한지 얼마 지나지 않아 웃다카 라마푸트라가 성취하였다는 비유상비무상처의 경지에 이르렀으나, 싯달타의 출가 목적과는 거리가 먼 것이었다. 인간이면 누구나 겪는 생로병사의 괴로움과 번뇌로부터 벗어나 자유로운 해탈의 경지에 이르는 것과는 차원이 다른 것임을 알게 되자, 그는 웃다카 라마푸트라의 간곡한 만류를 뿌리치고 그곳을 떠났다.

그러나 싯달타 왕자가 배움을 청하였던 알라라 칼라마나 웃다카 라마푸트라는 당시 상당한 경지에 오른 덕망 높은 수행자였던 것만은 사실이다. 그렇기 때문에, 보리수 밑에서 성불하신 뒤, 붓다께서 깨치신 그 오묘한 법을 누구에게 먼저 말할 것인지를 생각하시면서 제일 먼저 떠올린 것이 바로 알라라 칼라마와 웃다카 라마푸트라의 두 선인이었다고 할 수 있다.

### 2) 대외산에서의 고행:

웃다카 라마푸트라의 수행처를 뒤로 한 싯달타 왕자는 더 사사(師事) 할 만한 수행자를 찾는 것이 헛일임을 깨닫고, 대외산(大畏山)의 고행림(苦行林)에 들어가 홀로 고행하면서 스스로 출가의 해답을 찾기로 결심하였다. 대외산은 오늘날 보드가야(Bodh-gaya)로 불리는 울루벨라의 나이렌쟈나(Nairenjana)강에서 멀지 않은 곳에 위치한 산으로, 흑림산(黑林山)이라고도 한다. 대외산은 그 이름처럼 큰 두려움이 있는 산이라는 뜻에서

온 이름이라고 하며, 숲이 울창하여 낮에도 밤을 방불케 하리
만큼 어둡다고 하여 흑림산이라 불렀다고 한다. 그곳은 마을
에서 멀리 떨어진 외딴 곳으로 지금도 숲이 울창하고 사람의
발길이 적어 순례자(巡禮者)를 안내하는 사람조차 가까이 가는
것을 꺼려할 정도이니, 약 2500년 전의 상황은 미루어 짐작
할 만하다. 필자가 성지순례 길에 그곳을 가보려고 안내자를
졸랐으나, 안내자는 끝내 산에 접근하는 것을 꺼려하고, 상당
히 거리가 있는 곳에서 멈추어 더 가려하지 않는 것을 보고 상
황의 심각성을 느낄 수 있었다.

수행자 싯달타에게는 늙음, 병듦, 죽음과 번뇌라는 인간이
직면한 괴로움의 원인을 캐고, 그로부터 벗어나 해탈을 이룰
수 있는 길을 기어코 찾고야 말겠다는 생각뿐이었다. 당시 사
람들은 고행이 혹독하면 할수록 깊은 수행을 하는 것으로 인
식하였고, 고행자들은 여러 가지 방법으로 자기의 몸을 괴롭
히면서 인간으로서 견딜 수 있는 한계를 시험하는 것이 예사
였다. 싯달타 왕자도 예외가 아니었을 뿐만 아니라, 오히려 그
의 고행의 모습은 어느 누구도 감히 흉내조차 낼 생각을 못할
정도로 혹독한 것이었다. 당시 수행자 싯달타의 고행의 모습
을 기록한 아함경(阿含經)의 증일아함(增壹阿含) 증상품(增上品)[16]
은 사람이 견딜 수 있는 한계를 초월하는 고행의 모습을 소상

히 전하고 있다.

싯달타는 6년이라는 결코 짧지 않은 기간에 걸쳐 숨을 거두기 직전까지 가는 혹독한 고행을 하였음에도 불구하고 생로병사와 번뇌의 괴로움으로부터 해탈하는 지혜를 얻지 못하자, 수행방법을 바꾸기로 결심하였다. 몸을 극도로 괴롭히는 것으로는 건강을 해칠 뿐, 정신적으로 얻는 것이 없다는 것을 스스로 알게 된 것이다. 오히려, 카필라바스투 성에서 살던 왕자 시절의 어느 날, 염부나무(閻浮樹) 밑에서 좌선(坐禪)에 들었을 때의 일이 생각났다. 당시, 염부나무 밑에 단정히 앉아 좌선하면서 선정(禪定)에 들었던 일이 되살아난 것이다.

수행자 싯달타는 카필라바스투의 궁중에 머물고 있던 때에 왕자로서 아무런 불편도 없는 호화로운 생활을 경험하였을 뿐 만 아니라, 부귀영화는 물론 장차 부왕(父王)의 자리를 이을 왕좌(王座)가 확실하게 약속되어 있는 상태에서의 생활을 하였었다. 반면에 출가한 뒤, 특히 대외산에 들어서의 6년간의 고행은 위에서도 설명한 바와 같이 사람의 상상을 초월하는 혹독한 것이었다. 그러니, 싯달타로서는 두 극단(極端)을 모두 경

---

**16** 증일아함 23: 31 증상품.

험한 셈이다. 곧, 한쪽은 아무 부족함도 없는 왕자로서의 호화로운 생활이요, 다른 한쪽은 대외산에서의 더할 수 없는 혹독한 고행이다. 그러나 이 두 극단은 모두 선정에 들어 지혜를 얻어 깨달음을 이루는 데에는 아무런 도움이 되지 않는다는 것을 실감하게 된 것이다.

그래서, 수행자 싯달타는 그곳을 떠나 가까운 나이렌자나 강에서 몸을 씻고, 무엇이건 다소의 음식을 섭취하여 몸의 정기(精氣)를 기르는 것이 좋겠다고 생각하고, 그곳을 떠나기로 마음먹었다. 그러나 몸은 극도로 쇠약하고 문자 그대로 살가죽과 뼈만 앙상하게 남은 상태의 싯달타로서는 일어나 걸을 수도 없었을 것은 짐작하고도 남음이 있는 일이었다. 서너 시간을 기다시피 하여 겨우 나이렌자나강 가의 모래밭에 이르러 쓰러지고 말았다. 때마침, 그곳을 지나던 인근 세나니(Senani) 마을 촌장(村長)의 딸 수자타(Sujatha)가 그 모습을 보고, 집으로 달려가 한 보시기의 우유쌀죽(乳糜粥)을 가져와 수행자에게 올렸다. 수자타가 올린 죽을 받아 드신 싯달타는 차츰 기운이 돌아와 그 길로 강물에 몸을 씻고 서서히 강 건너 언덕으로 올라갔다.

### 3) 보리수 밑에서의 성불:

언덕에 겨우 올라선 수행자 싯달타는 한참동안 주변을 둘러보며 선좌(禪坐)에 적합한 곳을 찾았다. 그곳에서 멀지 않은 높지도 않고 낮지도 않은 숲속에 그늘을 넓게 드리우고 의젓하게 서 있는 핍팔라(pipphala)나무가 눈에 들어왔다. 싯달타는 그곳이 좌선하기에 알맞은 곳으로 생각하고 서서히 다가갔다. 핍팔라나무 밑에서의 당시의 이야기를 증일아함의 증상품[17]은 다음과 같이 전한다.

"그때에 내게서 멀지 않은 곳에서 한 범지(梵志)가 풀을 베고 있었다. 나는 그에게 다가가서 물었다.

'당신은 어떤 사람입니까? 이름은 무엇이고, 성은 무엇입니까?'

범지가 대답하였다.

'내 이름은 길상(吉祥: Sotthiya)이고, 성은 불성(佛性)입니다.'

나는 그때 그에게 말하였다. '좋고 좋소. 그런 성명은 세상에 드무오. 성명이란 헛되지 않아 반드시 그 성명대로 되는 것이오. 당신은 현세로 하여금 길하게 하여 이익되지 않음이 없게 하고, 생로병사를 아주 없앨 것이오. 당신의 성, 불성은 나

---

**17** 상기 7) 참조.

48

의 옛날 성과 같소. 나는 지금 그 풀을 조금 얻고 싶소.'

길상은 나에게 물었다. '고타마님은 이 풀을 어디에 쓰려고 하십니까?'

나는 대답하였다. '나는 지금 그것을 나무 밑에 깔고 앉아 네 가지 법을 구하고자 하오. 이른바, 성현의 계율과 성현의 지혜와 성현의 해탈과 성현의 삼매요.'

비구들이여! 알라. 그때에 길상은 풀을 가지고 나무 밑에 가서 정성들여 고루 깔았다. 나는 그 위에서 몸과 마음을 바로 하고 가부(跏趺)하고 앉아 생각을 매어 앞에 두었다. 그때 나는 탐욕(貪欲)이 풀리고, 온갖 악하고 착하지 않은 법이 없어지고, 다만 깨침과 봄이 있어 마음이 첫째 선정(禪定)에 놀았고, 다음에는 깨침과 봄이 모두 없어져 마음이 둘째, 셋째 선정에 놀았으며, 보호하는 생각이 청정해지고 근심과 기쁨이 모두 없어져 마음이 넷째 선정에 놀았다. 그때 나는 이 청정한 마음으로 말미암아 모든 번뇌가 없어지고 두려움이 없게 되어 과거에 무수히 변하여 내려온 전생 일을 알았다. ......

또, 나는 청정하여 흐림이 없는 하늘눈[天眼]으로 중생들의 나는 이와 죽는 이, 좋은 세계와 좋은 몸, 나쁜 세계와 나쁜 몸, 또는 좋고 추한 것은 모두 그 행(行)의 근본을 따른다는 것을 관찰하여 알았다. 곧, 어떤 중생은 몸으로 악행(惡行)을 짓고 입과 뜻으로 악행을 지어, 성현(聖賢)을 비방하고 삿된 업

(業)의 근본을 지어 삿된 소견과 서로 어울림으로써 몸이 무너지고 목숨이 끝난 뒤에는 지옥에 갔다. 또, 어떤 중생은 몸과 입과 뜻의 행이 착하여 성현을 비방하지 않고 바른 소견과 서로 어울림으로써 몸이 무너지고 목숨이 끝난 뒤에는 다시 인간에 태어났다. 이것이 이른바, 그 중생은 몸과 입과 뜻의 삿된 업이 없다는 것이니라.

나는 청정하여 흐림이 없는 삼매(三昧)의 마음으로 번뇌가 다하여 번뇌가 없게 되어 마음이 해탈(解脫)하고 지혜가 해탈하였다. 그래서 나고 죽음은 이미 다하고, 범행(梵行)은 이미 서고, 할 일은 이미 마쳐, 다시는 태(胎)를 받지 않을 줄을 여실히 알고, 곧 위없는 바르고 고른 깨침[無上正等覺]을 이루었느니라."

싯달타 왕자는 마침내 위없이 바르고 고른 깨침을 이루어 인류역사상 처음으로 붓다(Buddha)[18]로 불리게 된 것이다. 이 땅에 태어나신 지 35년, 진리를 찾아 출가하신 지 6년 만인 기원전 589년 12월 8일(음력) 이른 새벽의 일이다.[19] 붓다께서는 연기(緣起)의 실상을 깨치심으로써 드디어 출가하신 뜻을

--------------------

**18** 붓다(Buddha)는 '깨친 이', '눈뜬 이', '위없이 바르고 고른 깨침을 이룬 이'를 나타내는 범어인데, 중국에서 불(佛)이라 음역(音譯)하고, 우리 말로는 '부처' 또는 '붓다'라 번역하여 쓰는 것이 보통이다.

**19** 조계종교육원, 부처님의 생애, 2010, 110쪽.

이루신 것이다. 로페츠 교수는 예일대학에서 2008년 10월 중 네 차례에 걸쳐 행한 전통적인 테리강의 (Terry Lecture)에 초청 되어 한 강의에서, "붓다는 계시(啓示)에 의해서가 아니라, 그 자신의 참구(參究)와 분석에 의하여 진리를 발견하였으며, 그 는 믿음에서가 아니라 붓다 스스로의 경험을 통하여 발견한 진리를 정리하고 체계화하여 제자와 중생들에게 가르쳤다. 그는 그의 추종자(追從者)들에게 '비구들이여! 금(金)을 제련할 때 달구고 자르며 문질러 빛을 내듯이, 내 말도 사려(思慮)깊게 분석한 뒤에 받아들이되, 나에 대한 존경심으로 믿지 말지니 라.' 라고 하셨음을 분명히 한" 다음, "아인슈타인(Albert Einstein)은 장래의 종교는 우주적 종교이어야 한다. 그것은 신 (神)이나 독단적 교리(敎理)와 신학(神學)을 버리고, 자연과 정신 의 양자(兩者)를 다루고, 의미 있는 단위로서의 자연과 정신의 경험으로부터 일어나는 종교적 관점에 기초하여야 한다. 현 대과학의 요구에 대처할 수 있는 종교가 있다면 그것은 불교 일 것이다."라고 단언(斷言)하였음을 밝혔다.[20]

---

**20** Lopez, op. cit. supra., p. 7.

제 **2** 장

성불하신 뒤 처음 가르친 것

# I  성불하신 직후의 심경(心境)

붓다께서는 보리수 밑에서 위없이 바르고 고른 깨침[無上正
等覺]을 이루신 다음, 7일간을 그 자리에 그대로 앉아 보내시
면서, 한편으로는 깨치신 바를 되짚어 보시면서 탐욕과 번뇌
에 눈이 가려 제대로 앞을 보지 못하고 허덕이고 있는 뭇 중생
들을 한없는 자비심(慈悲心)으로 둘러보시고, 다른 한 편으로는
붓다께서 깨치신 법은 매우 오묘하고 불가사의(不可思議)하여
설혹 붓다께서 설하신다고 해도 그것을 이해할 사람이 있을
것 같지 않아 궁리를 거듭하셨다. 붓다께서 깨치신 것을 중생
을 위하여 말씀하시는 것을 망설이시자, 범천(梵天)이 내려와
말씀드리기를 '이 세상에는 상근기(上根機)의 사람도 있으니,
세상과 중생을 이익되게 하기 위하여 법을 설하여 주십시요.'
라고 간절히 권청(勸請)하였고, 붓다께서는 그 권청을 받아들
이셨음을 증일아함의 권청품(勸請品)[21] 등은 전하고 있다. 그
러나 그것은 오히려 깨치신 직후에, 여러 생각이 오고간 붓다
의 심경의 일부를 묘사한 것으로 보는 것이 옳을 것 같다.

스스로 깨치신 바를 중생을 위하여 설하시기로 마음을 정

---

**21**  증일아함 10: 19; 범천경(Brahma-Samyutta: SN 6).

하신 붓다께서는 그 오묘하기가 비할 데 없는 진리를 누구에게 먼저 전할지를 생각하시다가 싯달타 왕자께서 출가하시어 처음 사사(師事)한 알라라 칼라마라면 어느 정도 이해할 수 있으리라고 생각하시자, 하늘에서 '그는 이미 이레 전에 죽었나이다.' 라는 소리가 들렸다. 붓다께서는 다시 생각하시기를 웃다카 라마푸트라를 먼저 제도하는 것이 효과적일 것으로 여기셨지만, 다시 하늘에서 '그는 어젯밤에 세상을 떴나이다.' 라는 소리가 들렸다. 붓다께서는 이들 두 선사(禪師)들을 애석하게 생각하시면서, 누가 이 오묘한 법을 듣고 이해할 만할 것인지 곰곰이 생각한 끝에, 전에 대외산에서 함께 고행하던 다섯 비구가 떠올랐다. 그들이라면 붓다의 가르침을 어느 정도 이해할 수 있으리라고 생각하시자, 그들이 지금 어디에 있는지를 살피신 끝에 그들은 바라나시에서 멀지 않은 사르나트(Sarnath)의 녹야원(鹿野苑)에 머물고 있음을 아시고, 그들을 교화하기 위하여 그곳을 찾아가시기로 하셨다. 당시의 관행(慣行)을 본다면 어떤 출중(出衆)한 수행자가 나타나면 그에게 사사(師事)하려는 사람이 찾아가 그의 가르침을 받고 제자가 되었던 것이나, 붓다께서는 그러한 관행도 아랑곳하지 않으시고 교화할 사람을 스스로 찾아 나선 것이니, 그것부터가 예사롭지 않은 일이었다.

보드가야(Bodh-gaya)에서 바라나시(Varanashi)까지는 약 260km라는 먼 거리로서, 열악한 도로사정 때문에 지금도 자동차로 약 8시간 가까이 걸리는 곳이다. 대외산에서의 혹독한 고행으로 말미암아 몸이 극도로 수척하신 붓다께서 걸어 가시기에는 힘든 곳이다. 그러나 붓다께서는 자신의 몸 상태는 아랑곳하지 않고 다섯 비구들에게 스스로 깨치신 진리를 설하기 위해서 괴로움을 무릅쓰고 먼 길을 나선 것이다. 전해오는 바에 의하면 붓다께서 바라나시에 이르시기까지 열흘이 걸렸다고도 하고, 보름이 걸렸다는 설이 있기도 하다.

## Ⅱ 초전법륜

붓다께서 보드가야의 보리수 밑을 떠나 바라나시로 가신 것은 지난날 붓다께서 고행하실 때 붓다를 모시고 따르던 다섯 비구들에게 법을 말씀하시기 위해서였다. 수척한 몸으로 10여일을 걸어 바라나시 외곽의 사르나트에 있는 녹야원 가까이에 이르셨을 때, 녹야원에 머물고 있던 다섯 비구는 먼발치에 붓다께서 서서히 걸어오시는 것을 보았다. 애당초 그들은 대외산에서 당시의 수행자 싯달타와 함께 고행을 하였으나, 싯달타 왕자가 혹독한 고행만으로는 깨침을 이룰 수 없다고 생각하고, 그 자리를 떠나 나이렌자나 강가로 나가시어 몸을 씻고 수자타가 올린 유미죽(乳糜粥)을 받아 드시는 것을 보자, 싯달타 왕자의 뜻을 제대로 알지 못한 그들은 왕자가 고행을 이기지 못하고 타락한 것으로 오해하고 그곳을 떠났던 사람들이다. 그렇기 때문에, 멀리서 붓다께서 오시는 것을 본 그들은 자기들끼리 의논하기를 '싯달타는 고행을 중도에서 포기한 사람이니, 가까이 오더라도 일어서서 맞이하거나 자리를 권하지도 말자.'고 하였다.

잡아함의 전법륜경(轉法輪經)과 증일아함의 고당품(高幢品)1[22]은 그때의 상황을 다음과 같이 전한다. 곧,

세존께서는 다섯 비구들이 있는 곳으로 차차 가까이 가셨다. 때에, 다섯 비구들은 자기도 모르게 일어나 맞이하면서, 혹은 자리를 펴고, 혹은 발 씻으실 물을 가지고 왔다. 세존께서는 곧 자리에 앉아 생각하셨다: '이 어리석은 사람들은 끝내 제 본성을 온전히 갖지 못하였구나.'라고. 다섯 비구들은 세존을 '그대'라고 불렀다.

그때 세존께서는 말씀하시기를 "그대들은 위없는 아라한,

---

**22** 잡아함 15: 379 전법륜경; 증일아함 14: 24 고당품 1.

다 옳게 깨친 이를 가볍게 보지 말라. 왜냐하면 나는 이미 위 없는 아라한, 다 옳게 깨침을 이루어 감로(甘露)의 착한 법을 얻었다. 생각을 오롯이 하여 내 설법을 들을지어다."

다섯 비구는 말하되 "고타마는 본래 고행할 때에도 상인(上人)의 법을 얻지 못하였거늘, 하물며 지금 그 어지러운 마음으로 어떻게 도를 얻었다고 말하는가?"

세존께서는 말씀하시되 "어떻게 생각하는가? 이 사람들아! 그대들은 전에 나로부터 거짓말을 들은 일이 있는가?"

"아니오, 고타마님!"

세존께서는 말씀하셨다. "여래, 다 옳게 깨친 이는 이미 단 이슬의 법을 얻었다. 그대들은 모두 마음을 오롯이 하여 내 설법을 들을지어다."

세존께서는 다섯 비구들에게 말씀하셨다. "그대들은 알지니, 네 가지 진리가 있다. 어떤 것이 넷인가? 괴로움, 괴로움의 모임, 괴로움의 사라짐, 괴로움이 사라지는 길의 진리이다.

괴로움의 진리란 이른바, 태어남의 괴로움, 늙음, 병듦, 죽음의 괴로움 및 근심, 슬픔, 번민과 걱정의 괴로움으로서 이루 셀 수 없고, 원수와 만나는 괴로움, 사랑하는 이와 헤어지는 괴로움과 구해서 얻지 못하는 괴로움이니, 통틀어 말하자면 다섯 괴로움의 쌓임[五苦蘊]이다. 이것을 괴로움의 진리라 하느니라.

괴로움의 모임의 진리란 이른바, 느끼고 사랑하는 것을 쉴 새 없이 자꾸 모아 항상 탐내고 집착하는 것이니, 이것을 괴로움의 모임의 진리라 하느니라.

괴로움의 사라짐의 진리란 이른바, 그 애욕을 남김없이 모두 없애어 다시 나지 않게 하는 것이니, 이것을 괴로움의 사라짐의 진리라 하느니라.

괴로움이 사라지는 길의 진리란 이른바, 바른 소견, 바른 다스림, 바른 말, 바른 행위, 바른 생활, 바른 방편, 바른 마음 챙김과 바른 선정 등 성현의 여덟 가지 길이니라. 이것을 네 가지 진리라 하느니라.

그런데, 다섯 비구들이여! 이 네 가지 진리에서 괴로움의 진리란 전에 듣지 못한 법으로서, 거기에서 눈이 생기고 지혜가 생기며, 밝음, 깨달음, 광명, 슬기가 생기는 것이니, 이것은 전혀 듣지 못한 법이니라. 그리고 이 괴로움의 진리란 진실하여 허망하지 않고, 마침내 변하지 않는 것으로서, 세존이 말씀하시는 것이기 때문에 괴로움의 진리라 하느니라.

괴로움의 모임의 진리란 전에 듣지 못한 법으로서, 거기에서 눈이 생기고 지혜가 생기며, 밝음, 깨달음, 광명, 슬기가 생기는 것이다. 그리고 괴로움의 모임의 진리란 진실하여 허망하지 않고, 마침내 변하지 않는 것으로서, 세존께서 말씀하시는 것이기 때문에 괴로움의 모임의 진리라 하느니라.

괴로움의 사라지는 진리란 전에 듣지 못한 법으로서, 거기에서 눈이 생기고 지혜가 생기며, 밝음, 깨달음, 광명, 슬기가 생기는 것이다. 그리고 괴로움의 사라짐의 진리란 진실하여 허망하지 않고, 마침내 변하지 않는 것으로서, 세존께서 말씀하시는 것이기 때문에 괴로움의 사라지는 진리라 하느니라.

괴로움이 사라지는 길의 진리란 전에 듣지 못한 법으로서, 거기에서 눈이 생기고, 지혜가 생기며, 밝음, 깨달음, 광명, 슬기가 생기는 것이다. 그리고 괴로움이 사라지는 길의 진리란 진실하여 허망하지 않고, 마침내 변하지 않는 것으로서, 세존께서 말씀하시는 것이기 때문에 괴로움이 사라지는 길의 진리라 하느니라.

비구들이여! 알아야 한다. 이 네 가지 진리를 세 번 굴려 열두 번 행함이 되는 것을 여실히 알지 못하면 위없는 아라한(阿羅漢), 다 옳게 깨달음을 이루지 못할 것이다. 나로 말하면, 이 네 가지 진리를 세 번 굴려 열두 번 행함이 되는 것을 여실히 알았기 때문에 다 옳게 깨침을 이루었느니라."

이렇게 설법하실 때, 아야교진여(阿若憍陳如: Annata Kondanna)는 모든 번뇌가 없어져 법의 눈이 깨끗하게 되었다. 세존께서는 교진여에게 말씀하셨다. "그대는 지금 법에 이르러 법을 얻었는가?"

교진여는 대답하기를 "그러하나이다, 세존이시여! 저는 이

제 법을 얻어 법에 이르렀나이다."

그때에 지신(地神)은 이 말을 듣고 외쳤다: '지금 여래께서는 바라나시에 계시면서 법바퀴를 굴리신다. 어떤 하늘이나 사람이나 마군(魔軍), 하늘마군, 사람인 듯 사람 아닌 듯한 것들도 굴리지 못한 것을 오늘 여래께서는 이 법바퀴를 굴려 아나타 콘단냐는 이미 단 이슬[甘露]의 법을 얻었다.' 그때에 네 천왕들은 그 지신이 외치는 소리를 듣고 다시 전해서 알았다. '아나타 콘단냐는 이미 단 이슬 법을 얻었다.' 또, 삼십삼천은 네 천왕에게서 듣고, 야마천은 삼십삼천에게서 듣고, 이리하여 도솔천과 범천까지도 그 소리를 들었다. 곧, '여래께서는 바라나시에 계시면서 법바퀴를 굴리신다.'고.

세존께서는 다섯 비구들에게 말씀하셨다. "그대들 중에서 두 사람이 여기 머물러 가르침을 받을 때에 세 사람은 나가서 걸식하고, 세 사람이 얻은 밥은 여섯 사람이 나누어 먹자. 세 사람이 여기에 머물러 가르침을 받을 때에는 두 사람이 나가서 걸식하고, 두 사람이 얻은 밥은 여섯 사람이 나누어 먹자." 세존께서 이렇게 가르치시자, 다섯 비구들은 태어나고 사라짐이 없는 열반을 얻고, 태어남, 늙음, 병듦, 죽음이 없게 되어 모두 아라한이 되었다.

앞에서 본 바와 같이 붓다께서 깨치신 후 처음으로 법을 설하신 것을 가리켜 초전법륜(初轉法輪), 곧 처음으로 법바퀴[法輪]를 굴리셨다고 한다. 붓다께서 사르나트의 녹야원에서 다섯 비구들에게 처음으로 설하신 법은 중도(中道)를 곁들인 네 가지 거룩한 진리, 곧 사성제(四聖諦: four noble truths)이다. 이 네 가지 거룩한 진리는 붓다께서 보리수 밑에서 깨치신 연기법(緣起法)을 바탕으로 구성하신 진리의 가르침으로서, 곧 연기법의 전개라고 할 수 있음은 물론, 붓다께서 출가로 추구하신 인간이 직면하고 있는 괴로움의 원인과 그 괴로움으로부터 벗어나는 길을 이론적으로 체계화한 고귀한 가르침이다.

붓다께서는 이 네 가지 거룩한 진리를 핵심적인 가르침으로 생각하셨기 때문에, 사성제를 첫 설법의 내용으로 삼으셨을 뿐만 아니라, 45년에 걸친 중생교화에 있어서 가장 빈번하게 거론하신 법이기도 하다. 그 뿐 아니라, 붓다께서 반열반(般涅槃)을 앞두시고 바라문의 장로 수발다라(須跋陀羅: Subhadra)에게 마지막으로 설하신 법이 또한 사성제였다는 것은 붓다께서 사성제를 얼마나 소중하게 여기셨는지를 실증하는 것이라고 할 수 있다. 여기에 덧붙여 분명히 할 것은 붓다께서는 사성제의 가르침을 재세(在世)중의 다른 수많은 가르침인 법들과는 구분되는 차원에서 보셨다는 점이다. 왜냐하면, 붓다께서 성불하시고 처음으로 펴신 가르침, 곧 초전법륜(初轉法輪)이 사성제를 주제로 한 것이었을 뿐만 아니라, 그 뒤에도 수없이 많은 기회에 사성제의 가르침을 펴셨음은 물론, 붓다께서 수발다라를 마지막으로 교화하신 설법의 내용이 바로 사성제이었기 때문이다.

나아가, 붓다께서 반열반이 임박하여 마지막으로 남기신 유교(遺敎)에 비추어, 사성제야말로 붓다께서 특별한 관심을 가지고 기본적인 가르침으로 삼으신 법 가운데 법이라고 해도 결코 과언이 아닐 것으로 믿는다. 곧, 붓다의 반열반이 가까워지자, 하늘과 사람의 모든 대중이 눈물을 흘리며 스스로 억제하지 못하자, 붓다께서는 이들을 위로하시면서 "부처가 비록 열반하나 사리(舍利)가 있어 항상 공양이 있고, 또 위없는 법보(法寶)인 수다라장(修多羅藏)과 비나야장(毗那耶藏)과 아비달마장(阿毘達磨藏)이 있어 이 인연으로 삼보(三寶)와 사제(四諦)가 세상에 항상 머물러 능히 중생으로 하여금 깊은 마음으로 귀의(歸依)하게 하리라."[23] 라고 하셨는바, 부처님의 가르침인 사성제도 불법(佛法)의 하나로 당연히 법보에 포함되고, 따라서 삼보에 속하는 것임이 분명함에도 불구하고, 삼보와 나란

---

**23** 졸저, 열반경역해(하), 600, 609쪽: 佛雖涅槃 而有舍利 常存供養, 復有 無上法寶修多羅藏 毗那耶藏 阿毘達磨藏, 以是因緣 三寶四諦 常住於世 能令衆生 深心歸依.

히 사성제를 따로 드시어 사성제의 존재를 특히 부각시키셨기 때문이다.

붓다께서는 사성제를 왜 그처럼 중요하게 여기셨을까? 그것은 사성제의 내용이야말로 싯달타 왕자가 출가한 동기와 직접적으로 와 닿는 것일 뿐 아니라, 6년간의 모진 고행을 통하여 추구한 것이 바로 사람이면 누구나 할 것 없이 시달리는 괴로움의 원인을 파악하고 그 괴로움으로부터 벗어날 수 있는 길을 모색(摸索)하는 것이었는데, 사성제는 바로 그에 대한 해답과 직결(直結)되는 것이기 때문이었을 것으로 여겨진다.

## Ⅲ 사성제

### 1. 처음에

앞에서 본 바와 같이 사성제, 곧 네 가지 거룩한 진리의 내용은 괴로움[苦]과 그 괴로움의 모임[苦集] 및 괴로움의 사라짐[苦滅]과 괴로움이 사라지는 길[苦滅道]을 구체적으로 밝히신 내용이다. 이들을 사 '성' 제(四 '聖' 諦), 곧 네 가지 '거룩한' 진리라고 부르는 것에 관하여 로페츠 교수는 "진리 그 자체는 '거룩한' 것이 아니다. 그것이 '거룩한' 진리라고 불리는 것은 그

것이 정신적으로 고귀할 만큼 진실한 것일 뿐 아니라, 열반에
이른 최초의 통찰력(洞察力)을 증험한 분이 사용한 기술적 용어
라는 데에 연유(緣由)되는 것이다."[24] 라고 주장하였다. 네 가
지 거룩한 진리라고 할 때의 '진리' 라거나 그 내용인 괴로움
이나 그 원인 등은 그 자체가 '거룩한' 것이 아니지만, 깨친
분인 붓다의 그에 관한 가르침이 '거룩한' 것임을 나타내는
것이라는 것이다. 붓다께서 초전법륜에서 펴신 사성제, 곧 네
가지 거룩한 진리는 붓다께서 45년에 걸쳐 승속(僧俗)을 가릴
것 없이 가르치신 교설(敎設)의 근간(根幹)이 된것이어서, 2세기
경 인도의 용수보살(龍樹菩薩: Nagarjuna)이 그의 중론(中論:
Madhyamaka-Sustra)에서 "연기(緣起)의 법을 본다면 능히 부처를
볼 수 있고, 괴로움[苦], 모임[集], 사라짐[滅]과 길[道]을 본다."
라고 밝힐 만큼 중요한 의미를 지니고 있는 것임을 알아야 한
다.[25]

이러한 사성제의 내용은 두 가지 큰 영역으로 나누어 살펴
볼 수 있으니, 그 하나는 범부(凡夫)가 일상 경험하는 세속적(世
俗的)인 일, 곧 현실이고, 다른 하나는 수행을 통하여 지자(智者)

---

**24** Lopez, op. cit., p. 62.

**25** 용수보살의 중론 제24 관사제품(觀四諦品) 중 2게(偈) 참조.

가 기대하는 세계, 곧 해탈이다. 그러니, 사성제는 현실을 극복하여 해탈에 이르는 거룩한 가르침이라고 할 수 있다.

### 1) 현실:

사성제 가운데 앞의 두 가지 내용, 곧 괴로움과 괴로움의 모임은 인간이면 거의 예외 없이 누구나 일상 경험하는 세속적인 현상이다. 사람은 누구나 행복하기를 원하지만, 생각과는 달리 현실은 괴로움의 연속이다. 오죽하면 붓다께서 인생은 괴로움의 바다[苦海]이고 세상은 불난 집[火宅]과 같다고 하셨을까? 모든 사람은 태어나고, 늙으며, 병들고, 죽는[生老病死] 괴로움에서 벗어날 수 없음은 물론, 갖가지 번뇌(煩惱)에 시달리는 매일 매일을 이어가고 있는 것이 현실이다.

그러면, 괴로움은 어디에서 오는 것일까? 아무런 원인도 없이 괴로움이 그 자체로서 불쑥 솟아날 수는 없는 일이다. 모든 일에는 반드시 원인이 있고, 그 원인에 상응하는 결과가 나타나는 것이기 때문이다. 사성제의 둘째 내용으로 '괴로움의 모임'을 다루신 것도 바로 그 까닭이라고 하겠다. 괴로움을 일으키는 가장 보편적인 원인으로 붓다께서는 사성제 가운데 고집성제(苦集聖諦), 곧 괴로움의 모임의 거룩한 진리 부분에서 탐욕(貪欲), 성냄[瞋恚] 및 어리석음[愚癡]을 드셨고, 이를 흔히 삼독(三毒)이라 부른다.

사성제의 내용 가운데 처음 두 가지는 위에서 본 것처럼 괴로움이라는 사실과 그 괴로움을 낳는 원인이며, 이는 우리가 삶을 영위하고 있는 사바세계(娑婆世界)에서 일상 벌어지고 있는 현실이다. 그러므로 이 부분은 바로 세속에서 유전(流轉)하는 인과(因果)에 해당한다고 할 수 있다. 우리는 이러한 현실을 직시(直視)하고, 그러한 현실을 초래한 근본을 추구하여 깊이 이해할 필요가 있다.

**2) 해탈**:

사성제 가운데 뒤의 두 가지 내용, 곧 괴로움의 사라짐과 괴로움이 사라지는 길은 앞에서 본 바와 같이 우리를 괴롭히는 괴로움은 사라질 수 있다는 확신과 괴로움이 사라지게 하는 길인 당위(當爲)인 셈이다. 괴로움이란 반드시 그것이 있게 한 원인이 있는 것이니, 원인에 의하여 생긴 괴로움은 그것을 있게 한 원인을 제거함으로써 반드시 사라질 수 있을 것임은 당연한 일이다.

문제는 괴로움을 사라지게 하는 방편이다. 붓다께서 그 방편으로 제시하신 것이 바로 사성제의 넷째 가르침인 괴로움이 사라지는 길의 거룩한 진리(苦滅道聖諦)이다. 아무리 괴로움은 사라질 수 있는 것이라고 하더라도, 그것을 실현하기 위해서는 많은 노력이 필요할 것임은 당연한 일인바, 이는 결국 괴로움을 없애기 위한 행위규범인 셈이다. 그 행위규범이 바로 팔정도(八正道)이다.

팔정도를 구현(具顯)함으로써 괴로움에서 벗어난다는 것은 해탈(解脫)의 경지에 이름을 뜻하는 것이어서, 그것이 쉬운 일이 아님은 능히 짐작할 수 있다. 꾸준한 수행(修行)으로 신심(信心)을 다지고 지혜를 길러 불도(佛道)를 함양(涵養)함으로써 비로소 기대할 수 있는 일이라고 할 수 있다. 그러므로 이 부분은 바로 해탈의 인과(因果)에 해당한다고 할 수 있겠다.

## 2. 네 가지 거룩한 진리의 위치

붓다께서 성불하신 후 처음 설법으로 사성제(四聖諦), 곧 네 가지 거룩한 진리를 가르치신 내용을 담은 전법륜경(轉法輪經)을 보면 다음의 네 부분으로 나눌 수 있다. 곧,

첫째, 네 가지 거룩한 진리는 역사상 최초의 가르침이라는 것,

둘째, 네 가지 거룩한 진리의 내용,

셋째, 네 가지 거룩한 진리의 실행,

넷째, 네 가지 거룩한 진리의 효과.

이들 가운데, 둘째와 셋째인 네 가지 거룩한 진리의 내용과 실행에 관해서는 뒤에 보다 상세히 다루기로 하고, 여기에서는 먼저 첫째와 넷째에 대해서만 간단히 살펴보기로 한다.

네 가지 거룩한 진리는 "본래부터 일찍이 듣지 못한 법"이라는 것이다. 다시 말하면, 붓다께서 스스로 깨치심으로써 처음으로 펴신 가르침이 사성제라는 뜻이고, 그 이전에는 어느 누구도 사성제에 관한 교설(教說)을 편 예가 없어 들을 수 없었다는 것이다. 이는 사성제의 신규성(新規性)을 말한다. 네 가지 거룩한 진리는 그처럼 처음 들을 수 있는 법이니, 바르게 잘 생각하라는 주의를 곁들이는 뜻이 담겨 있다고 하겠다.

다음으로, 네 가지 거룩한 진리를 통하여 얻을 수 있는 효과에 대하여 말씀하신 것인데, 그것은 두 단계로 나눌 수 있다. 하나는 네 가지 거룩한 진리를 바르게 생각함으로써 "눈, 지혜, 밝음, 깨달음"이 생긴다는 것을 단언하신 점이고, 다른 하나는 눈, 지혜, 밝음, 깨달음이 생겼기 까닭에 "해탈하고, 스스로 아누다라삼먁삼보리를 이루게 되었다."는 붓다의 경험을 밝히신 점이다. 한 마디로, 사성제, 곧 네 가지 거룩한 진리를 바르게 생각하고 올바로 실행함으로써 해탈하고 무상정등각(無上正等覺)을 이룬다는 것이다.

먼저, 사성제를 바르게 생각하면 "눈, 지혜, 밝음, 깨달음"
(眼智明覺)이 생긴다고 한다. 여기에서 '눈'이란 마음의 눈, 곧
심안(心眼)을 말하는데, 심안이란 육안(肉眼)에 대한 것으로, 사
물을 살펴 바르게 아는 마음의 작용을 뜻한다. '지혜'는 슬기
로움을 가리키고, '밝음'은 사리(事理)에 밝음을 뜻하며, '깨달
음'은 사리를 터득하여 통달하는 것을 말한다.

다음으로, 사성제를 바르게 이해하여 '눈, 지혜, 밝음, 깨달
음'이 생김으로써 '해탈하고 스스로 아누다라삼먁삼보리를
이루게 되었다'고 한다. 그러므로 사성제를 올바로 알고 실행
하면 스스로 깨달음에 이르러 해탈할 수 있는 것이고, 실제로
붓다의 초전법륜을 통해서 다섯 비구들 가운데 교진여(憍陳如)
가 제일 먼저 법의 눈[法眼]이 트여 붓다로부터 아냐타 콘단냐
(阿若拘隣)라는 이름을 받게 된 것은 잘 알려진 사실일 뿐만 아
니라, 뒤이어 나머지 네 비구도 모두 아라한(阿羅漢)이 되었음
은 위의 경에서 밝히고 있는 바와 같다. 사성제는 그처럼 심묘
(深妙)한 법이라는 뜻이다.

## 3. 네 가지 거룩한 진리의 내용

사성제, 곧 네 가지 거룩한 진리는 위에서도 본 바와 같이
괴로움의 거룩한 진리[苦聖諦], 괴로움의 모임의 거룩한 진리

[苦集聖諦], 괴로움의 사라짐의 거룩한 진리[苦滅聖諦]와 괴로움이 사라지는 길의 거룩한 진리[苦滅道聖諦]를 말하고, 이를 줄여서 흔히 고집멸도(苦集滅道)라 한다. 세상 사람들은 누구나 할 것 없이 괴로움에 시달리고 있는데, 그러한 괴로움의 원인은 무엇인지, 괴로움은 없앨 수 있는 것인지, 괴로움을 없앨 수 있다면 그 없애는 길은 무엇인지를 밝히는 내용이다. 다시 말하면, ① 사람들이 괴로움에 시달리고 있다는 사실을 인식하고, ② 그러한 괴로움을 불러온 주된 원인은 삼독(三毒), 곧 탐욕(貪欲), 진에(瞋恚) 및 우치(愚癡)인데, ③ 그러한 괴로움은 벗어날 수 있는 것이고, ④ 괴로움에서 벗어나는 길은 바로 여덟 가지 바른 길[八正道: eight right paths]이라는 것이다.

붓다께서 네 가지 거룩한 진리를 말씀하신 것은 유능한 의사가 환자를 치유하는 과정에 비유할 만하다. 유능한 의사는 환자를 대하면 먼저 그 환자가 무슨 병을 앓고 있는지를 확인한 다음, 그 병이 왜 생겼는지, 곧 그 병의 원인을 밝히고, 그 병은 나을 수 있는 것인지를 검토한 다음, 나을 수 있는 병이라면 그 병이 나을 약을 처방하여 줄 것이기 때문이다. 로페츠 교수도 사성제는 매우 과학적인 것임을 밝히면서 "이 네 가지의 차례는 의사들의 과학적 접근방법(approach)을 연상(聯想)시킨다. 붓다는 먼저 증상(症狀: symtoms)을 확인하고, 진단(診斷:

diagnosis)을 한 다음, 결과에 대한 예후(豫後: prognosis)를 하여, 필요한 약을 처방(處方: prescribe)한 셈이다."[26]

이쯤에서 네 가지 거룩한 진리의 내용을 살펴보기로 한다.


## 1) 괴로움

### (1) 괴로움의 내용:

괴로움의 거룩한 진리의 첫 번째 내용은 사람의 삶은 괴로움[苦: dukkha, suffering]의 연속이라는 것이다. 사람이 아무리 건강, 재물, 능력 그리고 명성을 지니고 있다고 하더라도 우리는 결코 괴로움으로부터 자유로울 수 없으며, 산다는 것 자체가 곧 괴로움이라는 것이다. 괴로움의 거룩한 진리, 곧 고성제(苦聖諦)는 그러한 우리의 삶의 실상(實相)을 제대로 인식하는 내용이다. 이렇게 말하면, 혹자(或者)는 사람이 살아감에 있어서 괴로움이 있는 것은 사실이지만, 기쁘고 즐거운 경우도 적지 않지 않느냐? 라고 반문(反問)할지도 모른다. 그러나 기쁨이나 즐거움은 일시적인 것에 그치고, 반드시 괴로움으로 변하기 마련이다. 모든 것은 무상(無常)한 것이서, 기쁨이나 즐거움도 그 범주에서 벗어날 수 없다. 기쁨이나 즐거움이 사라지면 그

---

**26** Lopez, op. cit. supra., p. 5.

에 집착하고 있던 사람은 곧 실망하고 정신적으로 괴로움을 느끼게 된다는 것은 우리가 많이 경험하는 일이다.

붓다께서 말씀하신 괴로움은 단순한 괴로움만을 뜻하는 것이 아니다. 삶의 실상을 말씀하신 붓다의 이 표현은 보다 깊은 철학적 의미를 함축하고 있음을 알아야 한다. 괴로움의 거룩한 진리에서 '괴로움', 곧 'dukkha'라고 하는 말에는 흔히 말하는 괴로움에 더하여, "만상(萬象)은 무상(無常)하고 무아(無我)이기에 모든 것은 괴로움이다." 라는 깊은 뜻이 함축(含蓄)되어 있다고 보는 것이 보통이다.[27] 그렇기 때문에 사리불 존자는 분별성제경(分別聖諦經)[28]에서 말하기를 "어떤 것이 고성제(苦聖諦)인가? 이른바 태어남은 고통이요, 늙음은 고통이며, 병드는 것은 고통이고, 죽음은 고통이며, 원수와 만남이 고통이요, 사랑하는 사람과 헤어짐은 고통이며, 구하여 얻지 못함이 고통이니, 간략하게 줄여서 오온(五蘊)에서 일어나는 고통이니라." 라고 설명하였지만, 바로 "오온에서 일어나는 고통"이라고 하는 표현으로 모든 성질의 고통을 포괄(包括)한 것이다.

---------------------

**27** Rahula, What the Buddha Taught, 1959, p. 17.
**28** 중아함 7: 31 분별성제경.

괴로움의 거룩한 진리, 곧 고성제의 내용을 이루는 괴로움은 흔히 말하는 괴로움(suffering)과 고통(pain)을 아우르는 말이다. 괴로움은 정신적인 경우가 많지만, 육체적으로 고통스러운 경우도 있고, 나아가 정신과 육체의 양면에 걸치는 것일 때도 있다. 그러나 정신적 고통과 육체적 고통을 처리하는 두뇌의 과정을 보면 정신과학적(精神科學的)으로 볼 때 놀라울 정도로 동일하다는 연구결과가 발표된바 있다. 뇌에서 신체적 고통을 처리하는 영역이 정신적 고통을 겪을 때에도 똑같이 활성화(活性化)된다는 사실이 밝혀졌다는 것이다. 그러니, 정신적인 괴로움이라고 하건, 육체적인 고통이라고 하거나를 가릴 것 없이, 모든 괴로움은 결국 마음과 연관된다는 것을 알 수 있다. 그렇기 때문에, 뒤에서 보는 바와 같이 괴로움의 원인은 대부분이 마음에서 만들어지는 것들이다.

괴로움의 거룩한 진리는 네 가지 거룩한 진리, 곧 사성제의 출발점이기 때문에 매우 중요한 의미를 갖는다. 괴로움에 대한 정확한 이해 없이는 네 가지 거룩한 진리의 나머지 부분으로 나아갈 수 없다. 왜냐하면, 괴로움이 무엇인지를 알지 못하면 그 원인을 추구할 수 없고, 원인을 모르면 괴로움으로부터 벗어나는 길을 정확히 알 수 없기 때문이다. 그렇기 때문에, 붓다께서는 전법륜경(轉法輪經)에서 네 가지 거룩한 진리에 대해서 설명하시면서 "마땅히 바르게 생각하라."라고 거듭하여 다지신 것이고, 괴로움의 실상을 바르게 이해하고 그에 대한 확신을 가져야 한다는 것이다.

여기에서 붓다께서 괴로움의 대표적인 예로 자주 말씀하시는 생로병사(生老病死)를 비롯한 팔고(八苦), 곧 여덟 가지 괴로움에 관해서 간단히 살펴보기로 한다.

① 생로병사(生老病死): 사람이 태어나서 삶을 유지하다가 늙고 병들어 죽는 괴로움, 곧 생로병사(生老病死)의 괴로움을 네 가지 괴로움이라 한다. 이 생로병사의 괴로움은 사람이 면할 수 없는 사대고통(四大苦痛)으로서, 본원적(本源的)인 것이라고 할 수 있다.

먼저, 생(生), 곧 난다는 것에는 두 가지 뜻이 함축되어 있다. 하나는 모태(母胎)에서 태어난다는 뜻이고, 다른 하나는 삶을 이어간다는 뜻이다. 결국, 태어나서 산다는 것을 말한다. 사람은 태어나는 순간부터 고통이 시작된다고 해도 과언이 아니며, 아이가 처음 세상에 나오면서 고고(呱呱)의 소리를 지르는 것도 어쩌면 괴로움에 대한 처음 반응(反應)인지도 모른다. 사람은 태어나면 수많은 시련(試鍊)을 겪으면서 성장(成長)하고, 성인이 되면 결혼함으로써 새로운 생활단위로서의 가정을 이루어 또 다른 세대(世代)를 창출(創出)하면서 삶을 이어 간다. 그러나 이 삶의 과정은 어느 누구 할 것 없이 평탄하지 만은 않은 것이 통례이며, 거의 모든 사람이 '나'와 '내 집' '내 가족'을 위하여 헌신함은 물론, 그 '나'나 '내 집' '내 가 족'은 남이나 남의 가족보다 나아야 하고 더 가져야 한다는 생각에 매어 사는 것이 보통이다. 그러나 그러한 집념(執念)은 생각에 그치고, 뼈를 깎는 노력에도 불구하고 현실과는 거리 가 먼 것이 보통이다 보니 마음이 편할 리가 없다. 그러니, 사 람이 산다는 것 자체가 괴로움인지도 모를 일이다. 더욱이, 사 람은 30대 후반 정도만 되어도 활력(活力)이 종전만 못하고 나 이가 들어감을 느끼기 시작하며, 그렇게 되면 마음이 급해지 고, 만사(萬事)에 초조함이 더해 가는 것이 보통이다.

둘째로 들 수 있는 것은 늙음이다. 늙음은 시간의 문제일 뿐, 누구에게나 찾아드는 불청객이다. 1975년의 우리나라 평 균수명은 63.8세에 머물렀으나, OECD의 2018년 기준 한국 의 남녀평균 수명은 83세에 이르고, 남자의 경우도 80.5세에 이르렀으니, 약 40년 사이에 평균수명이 약 20년가량 연장된 셈이다. 노인의 기준을 현재의 65세로 보는 경우 우리나라는 이미 노인인구가 전체 인구의 14% 이상을 차지함으로써 고 령사회(高齡社會)로 접어든 것이다. 사람들은 늙음을 여간 불안하게 생각하는 것이 아니다. 우선 사회의 일선에서 밀려나는 불안은 물론, 건강과 경제문제에 대한 불안뿐만 아니라, 주변 상황의 변화에 따르는 고독감(孤獨感)이 여간이 아니다. 그러니, 늙는다는 것은 생각만 하여도 괴로움 그 자체인 셈이다. 거기에 더하여, 늙는다는 것은 죽음에의 시간적 근접(近接)을 뜻하는 것으로 인식되는 것이 보통이기 때문에 죽음에 대한 불안과 겹쳐 노인의 정신적 불안을 더욱 증폭(增幅)시킨다고 할 수 있다.

셋째로 들 수 있는 것은 병듦이다. 병(病)이 노인에게만 있는 일이 아니고 나이를 가릴 것 없이 찾아들 수 있는 것이지만, 특히 노인은 병을 끼고 산다고 해도 과언이 아니다. 그런데 노인의 병은 국부적(局部的)인 것이라기보다는 오히려 전신적(全身的)인 영향의 것이라고 할 수도 있고, 그러한 면에서 소아(小兒)의 질병과 비슷한 특징을 엿볼 수 있는 셈이다. 필자가 의료분야(醫療分野)에서 노인의학과(老人醫學科)의 필요성을 주창하는 소이(所以)도 바로 노인질병의 그러한 특징 때문이다. 아무튼, 노인들은 병에 시달리는 나날을 보낸다고 해도 과언이 아니며, 병원을 찾는다고 해도 노인의 특성을 감안함이 없이 각종 검사에 시달림을 호소하지 않을 수 없게 만드는 것이 현실이니, 그 괴로움이란 말로 다할 수 없을 것임은 짐작하고도 남을 일이다.

마지막으로, 죽음의 문제이다. 이 세상에 생긴 것치고 기간의 길고 짧음에는 차이가 있을망정 사라지지 않는 것은 하나도 없으며, 사람도 그 예외일 수는 없다. 결국, 태어났기 때문에 죽는 것이다. 이치가 그러함에도 불구하고, 사람들은 죽음을 두려워하고, 그 두려움을 미루거나 죽음으로부터 멀어지려고 애를 쓰니, 그 얼마나 처절한 일인가? 죽음이란 왔으니 돌아가는 것뿐이다. 그래서 '죽었다'는 것을 흔히 '돌아갔다'라고 표현하는가 하면, 영어로도 '죽었다'는 것을 보통 passed away[지나갔다]라고 하는 것이 아닐까 싶다. 오로지 '공'의 이치를 터득할 뿐이다.

② 애별리고(愛別離苦) 등 사고(四苦): 먼저, 애별리고, 곧 사랑하는 이와 헤어지는 괴로움은 원래 사람을 대상으로 하는 경우를 상정(想定)한 것이나, 넓게 스스로 아끼고 좋아하는 물건까지도 포함하는 개념으로 볼 수 있을 것 같다. 사람들은 스스로 사랑하고 좋아하여 아끼는 사람이나 물건은 늘 자기 주변에 있을 뿐만 아니라 변하지 않기를 바란다. 그런데, 뜻하지 않게 사랑하는 이와 헤어진다거나 자기가 좋아하고 아끼는 것이 망가지거나 없어지면 고뇌(苦惱)에 싸이게 된다. 이를 애

별리고(愛別離苦)라고 한다.

둘째는 원증회고(怨憎會苦), 곧 원수와 만나는 괴로움이니, 원망하거나 증오(憎惡)하는 사람을 만나는 것을 좋아할 사람은 아무도 없을 것이다. 사람들은 많은 경우에 자기 뜻에 맞지 않는 사람에 대하여 화를 내고, 자기나 자기와 가까운 사람에게 해를 끼친 사람을 원망하면서, 그러한 사람과는 상종(相從)하기 조차 싫어하는 경우가 많다. 그러니, 그러한 원망이나 증오의 대상인 사람과 만나는 것을 좋아할 사람은 흔하지 않을 뿐만 아니라, 우연이라도 만나는 것 자체를 괴롭게 생각할 것임은 짐작할 만한 일이다.

셋째는 구부득고(求不得苦), 곧 구하여도 얻을 수 없는 괴로움이다. 구한다고 모두 얻을 수 있다고 가정한다면 이 세상의 괴로움은 적어도 반감(半減)은 될 것 같다. 그러나 우리가 구하는 것치고 그에 상응한 노력 없이 얻을 수 있는 것은 없을 뿐만 아니라, 제법 노력을 해도 얻어지지 않는 경우가 많은 것이 현실이다 그러니, 나름대로의 노력을 하였음에도 불구하고 구하는 것을 손에 넣을 수 없는 사람으로서는 정신적인 괴로움이 적지 않을 것임은 당연한 일이다.

마지막은 오온성고(五蘊盛苦), 곧 오온(五蘊)이 불같이 일어나 치성(熾盛)하여 생기는 괴로움이다. 오성음고(五盛陰苦)라고도 한다. 오온, 곧 물질[色], 느낌[受], 생각[想], 뜻함[行]과 의식[識] 은 불교에서의 존재인식법(存在認識法)을 이루는 것으로, 모든 '것'은 오온이 화합하여 일시적으로 존재하는 '것'일 뿐이라 고 한다. 그런데, 그러한 '것'을 향한 바람이 치성하여 그에 얽매이게 된다면 거기에서 필연적으로 초래될 고뇌(苦惱)가 어 떠할지는 짐작하고도 남음이 있을 것이다. 오온성고는 문자 그대로 "오온개공"(五蘊皆空)을 모르는 데에서 오는 것임은 물론이다.

위에서 본 여덟 가지가 붓다께서 전형적인 괴로움의 예로 드신 팔고(八苦)이다. 붓다께서 인간은 팔고(八苦)에 시달리고 있다고 말씀하신데 대하여 로페츠 교수는 "철기시대(鐵器時代) 의 인도에 살던 고행자(苦行者: mendicant)로서 2,500년을 지난 정보시대(情報時代)에도 역시 정확히 해당되는 사실을 어떻게 말할 수 있었을까?"[29]라고 감탄(感歎)의 의문을 던진데 대하여 우리는 공감하지 않을 수 없다. 그런데, 붓다의 사고(四苦)나 팔고(八苦)와는 달리 진화론자 다윈(Charles Darwin)은 고통

---

**29** Lopez, op. cit., p. 125.

(苦痛: pain), 변화(變化: change)와 연(緣, 條件: condition)의 세 가지 괴로움을 든다. 첫째와 둘째의 괴로움은 통상적으로 이해되는 괴로움인 것이므로, 여기에서는 셋째, 곧 연 또는 조건에 대해서만 약술한다. 우리의 몸과 마음을 포함한 모든 존재는 인(因)과 연(緣), 곧 인연의 지배를 받으나, 우리는 그 연을 어찌할 수 없고, 오직 그에 따를 뿐이므로 괴로움이라 한다.

(2) 괴로움의 의식:

괴로움이라고 해도 마음이 의식하지 않으면 괴로움도 없고 아픔도 없다. 여기에서 괴로움과 의식과의 관계에 관하여 간단히 살펴보는 것이 필요할 것 같다. 마음이 의식하지 않는다면 괴로움이나 아픔이 없다는 것은 오온(五蘊)과 직결되는 말이다. 불교의 존재인식론(ontological epistemology)은 오온과 18계(界)로 모든 존재현상을 표상(表象)하고, 존재현상에 대한 인식의 주역(主役)은 수상행식(受想行識), 곧 느낌, 생각, 뜻함과 의식이며, 이들은 사람의 정신작용(精神作用)의 영역에 속한다. 우선, 눈이 사과와 같은 물질을 보면 그 사과에서 반사되어 나온 빛, 곧 광자(光子: photon)가 눈의 망막과 접촉하여 그 정보가 시신경(視神經)을 통하여 뇌의 신경세포에 전달됨으로써 인식의 단계에 이르게 되는 것과 같다. 미국 캘리포니아의 어바인대학(UC. Irvine) 인지과학(認知科學: cognitive science) 교수인 호프만

(Donald Hoffman)은 그의 최근 저서에서 "내가 의식하지 않은 두통(頭痛)은 전혀 두통이 아니다. 나는 그러한 두통은 상관하지 않는다."라고 하여[30] 두통도 의식함으로써 비로소 그것이 자기의 아픔으로 작용한다는 것을 분명히 하였다. 같은 인지과학자로 유명한 크릭(Francis Crick) 교수 역시 "당신의 기쁨, 슬픔, 당신의 기억과 당신의 포부, 당신의 개인적 독자성 및 자유의지는 사실 신경세포의 활동 이상의 것이 아니다. 당신은 신경세포의 보따리(a pack of neurons) 이상의 아무 것도 아니다. ... 분명히 태양은 아무도 그것을 인지하기 전에도 존재하였다. ... 우리는 근본적으로 알 수 없는 '것' 그 자체(thing-in-itself)와 우리의 두뇌가 구성한 '것'에 대한 생각(idea-of-the thing)을 구별하여야 한다. ... 태양 그 자체는 인지(認知)의 대상이고, 우리의 태양에 대한 생각은 상징적(象徵的)인 구성인 것이다. 태양에 대한 생각은 그 구성 전에는 존재하지 않으나, 태양 그 자체는 존재한다."[31] 라고 단언(斷言)하였다. 여기에서 '태양'은 '괴로움'으로, '생각'은 우리의 인식으로 각각 대치(代置)할 수 있다. 결국, 괴로움은 우리의 인식과 직접 관계없이 존재할 수 있지만, 그것을 우리가 인식함으로써 비로소 그에

**30** Hoffman, , The Case against Reality, 2019, p. 84.

**31** Hoffman, op cit., pp. 43, 44.

대한 생각이 구성되는 셈이다. 그렇기 때문에 붓다께서는 괴로움에 대하여 "바르게 생각하라."고 거듭 강조하신 것이다.

그러니, 아무리 괴로움이 있다고 해도 마음으로 인지하지 않는다면 괴로움은 그 사람에게는 의미가 없는 것이다. 다만, 사람은 일반적으로 자기를 향한 정신적이거나 육체적인 작용이 있으면 바로 그것을 느끼고[受], 생각하여[想] 뜻함[行]에 이르러 의식(意識)을 불러내는 것이 통상적인 과정이며, 그런 까닭으로 오온이 곧 현상계(現象界)를 대변(代辯)하는 매체(媒體)로 보는 것이다. 위에서 언급한 바와 같이 우리는 괴로움이 생기면 바로 그것을 의식하고 그에 반응(反應)하는 것이 통상적인 일이나, 예외적으로 괴로움을 인식하지 못하는 경우도 없지 않다. 그 예외적인 경우로는 두 가지를 상정(想定)할 수 있다. 하나는 뇌신경세포의 비정상적인 작동(作動)으로 인한 경우이고, 다른 하나는 고도의 정신적 수행(修行)에 따르는 경우이다.

먼저, 뇌신경세포의 비정상적인 작동의 경우란 뇌신경질환(腦神經疾患)으로 인하여 정상적인 인식능력(認識能力)을 상실함으로써 괴로움이나 아픔을 제대로 의식하지 못하는 경우이다. 환상(幻想)에 사로잡힌 조현증환자나, 의식(意識: consciousness)이 자주 단절됨으로써 전체적이고 체계적인 사고(思考)를 할 수 없는 정신질환자의 경우에 볼 수 있는 일로서, 비정상적이고 병적인 경우의 예이다. 두 번째, 곧 고도의 정신적 수행의 경우에 볼 수 있는 경우란 선정(禪定)에 들어 특정한 문제에 마음을 집중함으로써 밖으로부터의 영향이나 신체적 고통에 대한 생각을 멀리하는 경우, 또는 연기법(緣起法)과 공(空)의 깊은 진리를 터득함으로써 태어나 늙고 병들며 죽는[生老病死] 일을 비롯한 팔고(八苦)를 초탈(超脫)한 경우에 볼 수 있는 예라고 할 수 있다.

## 2) 괴로움의 모임:

괴로움의 모임의 거룩한 진리, 곧 고집성제(苦集聖諦)는 괴로움의 원인에 관한 진리이다. 붓다께서는 수많은 기회에 괴로움이 일어나는 원인에 관해서 되풀이 말씀하셨는데, 그것은 원인 없이는 괴로움이 일어날 수 없고, 괴로움의 원인을 정확히 알지 못하면 그것을 고칠 수 없기 때문이다. 마치 의사가 환자의 병의 원인을 제대로 모른다면 그 병을 고치기 위한 좋은 약을 처방할 수 없는 것과 같다. 붓다께서 보드가야의 보리수 밑에서 스스로 위없이 바르고 고른 깨침[無上正等覺]을 이루셨을 때에 깨치신 연기법(緣起法)은 모든 존재하는 것은 인연의 소산(所産)이라는 것이다. 그러니, 괴로움인들 그 원인이 없을 수 없음은 당연하다.

사리불 존자는 분별성제경에서 괴로움의 모임의 거룩한 진리에 관하여 설명하기를 "어떤 것이 고집성제인가? 중생에게는 실로 사랑하는 안의 여섯 곳이 있으니, 눈, 귀, 코, 혀, 몸과 뜻[眼耳鼻舌身意]이 그것이다. 그 중에서 만일 애욕(愛欲)이 있고, 더러움이 있으며, 물듦[染着]이 있고, 집착(執着)이 있으면 이것을 모임[集]이라 한다. ... 만일, 처자, 종복(從僕), 권속(眷屬), 토지, 가옥, 점방(店房), 이자를 붙이는 재물을 사랑하여 가지는 직업을 위하여 애정이 있고, 더러움이 있으며, 물듦이 있고, 집착이 있으면 이것을 모임이라 한다. ... 이와 같이 바깥 곳과 닿음, 느낌, 생각과 뜻함[觸受想行]의 애정도 또한 그와 같다. 중생에게는 실로 사랑하는 육계(六界)가 있으니, 지계(地界)와 수(水), 화(火), 풍(風), 공(空) 및 식계(識界)가 그것이다. 그 중에서 만일 애정이 있고, 더러움이 있으며, 물듦이 있고, 집착이 있으면 이것을 모임이라 한다." 라고 하여, 괴로움은 눈, 귀, 코, 혀, 몸과 뜻[眼耳鼻舌身意]이라는 육근(六根)에서 비롯되는 것으로서, 그에 대한 애정, 더러움, 물듦과 집착이 있으면 바로 그것이 괴로움의 원인이 되는 것이라고 밝혔다. 그러한 육근이 마음과 합작(合作)으로 괴로움의 원인을 만들어낸다는 것이다. 여기에서 '모임'은 집(集)을 번역한 것으로, 괴로움을 이루는 것들, 곧 원인을 말한다.

괴로움을 일으키는 원인으로 일반적으로 드는 것은 삼독(三毒), 곧 탐욕(貪欲), 진에(瞋恚)와 무명(無明)이다. 사람들은 이 삼독이 괴로움을 불러오는 독인 줄도 모르고 그에 집착함으로써 괴로움을 키워 계속 끌고 간다. 이러한 괴로움의 원인에 가세(加勢)하는 것이 업(業: karma)인바, 이들을 나누어 살펴보고자 한다.

(1) 무명(無明: Avidya, ignorance): 불교에서 말하는 무명이란 바르게 알지 못하는 것을 말하는데, 무엇을 바르게 알지 못한다는 것인가? 이 순간에 있어서의 존재의 실상이다. 무명은 제대로 알지 못하고, 혼동하고, 여러 현상의 존재에 대해서 이해하지 못하는 것을 가리키기 때문에, 그것은 잘못을 저지르는 원인이 된다. 다만, 불교에서 말하는 무명은 교육이나 통상적인 지식의 부족을 뜻하는 것이 아니라, 존재의 허망(虛妄)함에 대한 무지(無知)를 가리키는 것이다. 모든 존재하는 것은 그것이 본래부터 스스로 그러한 실체(實體)를 가지고 있는 것으로 알고, 그렇기 때문에 존재하는 것은 오래도록 그대로 있을 것으로 생각하며, 특히 '나'라는 자기는 다른 것과는 분리된 특별한 실체로 생각하는 것이 보통인데, 바로 그러한 관념에 젖은 마음의 상태를 무명이라고 한다. 결국, 연기법(緣起法)과 공(空)에 대해서 알지 못하는 것이 무명에 귀착(歸着)되는 것이다.

불교에 있어서 '본래적인 존재'(intrinsic existence)라는 관념은 가장 근본적인 형태의 무명이고, 가장 기본적인 잘못(error)이어서 모든 괴로움의 근본적인 원인이 됨을 강조하지 않을 수 없다.

  사람들은 무명으로 인해서 뒤에서 보는 바와 같이 탐욕(貪欲)과 성냄[瞋恚]에 빠지고, 그럼으로써 괴로움의 늪에서 벗어나지 못한다. 붓다께서 12인연(因緣)의 첫머리에 무명을 두고, 무명이 사람이 태어나서 괴로움에 허덕이게 하는 인연 고리의 시작임을 분명히 하신 것도 바로 그 때문이라고 하겠다. 만일, 사람이 무명에서 벗어나 존재의 실상을 제대로 이해할 수 있게 된다면 탐욕과 성냄에 매일 까닭이 없고, 그렇게 되면 괴로움이 일어날 여지가 없는 일이다. 이에 관해서 달라이 라마(Dalai Lama)는 "우리가 윤회(輪廻)를 통해서 겪는 괴로움은 우리의 탐욕적인 생각이 이끌어내는 이기적 행동에서 비롯되는 것이 보통이다. 우리의 자기중심적인 행동은 결국 우리의 불행을 불러오고 부도덕한 행동을 반복함으로써 더욱더 비참하게 하는 경향이 있는데, 그것은 그 바탕에 '나'라는 고유한 실체가 있는 것으로 파악(把握)하는 잘못이 도사리고 있다."[32]고

--------------------------------

**32**  Dalai Lama, A Profound Mind, 2011, p. 41.

단언하였는바, 무명이 근본적인 문제임을 일깨우는 말이라고
할 수 있다.


(2) 탐욕(貪欲: tanha, craving): 탐욕이란 자기의 뜻에 맞는 사람
이나 물건 또는 일에 애착을 느끼고 갈망하여 만족할 줄 모르
고 그에 집착하는 것을 말하는데, 탐애(貪愛) 또는 갈애(渴愛)라
고도 한다. 탐욕은 사람이 살아가는데 있어서 꼭 필요한 것에
대한 요구를 말하는 것이 아니라, 자기가 바라는 것을 탐하고
그에 집착하는 것을 말한다. 그러므로 탐욕은 일반적으로 오
욕(五欲), 곧 색욕(色欲), 재욕(財欲), 명예욕(名譽欲), 식욕(食欲), 수
면욕(睡眠欲)과 연관되는 것이 보통이다. 탐욕은 그 바탕에 자
기 스스로 조차 그 실체를 제대로 알지 못하는 '나'라는 것을
바탕에 깔고 있다. 모든 면에서 '나'를 앞세우고, 그 '나'를 남
과 구분하면서, 그 '나'는 남보다 조금이라도 나아야 하고, 더
가져야 하고, 더 뜻대로 할 수 있어야 한다는 생각과 연관되어
일어나는 욕망이 곧 탐욕인 것이다. 그러나 정작 그 '나'라는
것이 과연 무엇인지는 자기 스스로도 잘 모름은 물론, 몇 년을
두고 참 '나'가 무엇인지를 추구하는 선승(禪僧)들 조차 그 뜻
을 이루지 못하는 것이 보통이니, 딱한 일이 아닐 수 없다.


일반적으로 볼 때, 탐욕은 자기의 능력, 처지 또는 조건이

나, 그 탐욕의 대상이 되는 것의 상태나 그것을 얻기 위한 조건 등을 깊이 생각하지 않고, 거의 맹목적으로 자기의 주관적인 욕구에 매달려 헤어나지 못하는 속성(屬性)을 가지고 있다. 그렇기 때문에, 탐욕 그 자체가 바로 괴로움이라고도 할 수 있다. 탐욕에 매어있는 한, 그에게 만족이란 있을 수 없고, 언제나 부족함에 허덕이는 나날을 보내기 마련이다. 왜냐하면, 한때 그가 바라는 것의 전부나 일부가 이루어졌다고 가정하더라도, 그 이루어진 것은 곧 변하고 사라지는 것이기 때문이다. 생겨난 것은 어느 하나의 예외도 없이 모두 변하고 사라지기 마련이고, 그것이 곧 우주의 진리이다.

탐욕은 항상 '내 것은 내 것이고, 네 것도 내 것이다.' 라는 생각에 더하여 '나는 돌려줄 생각이 없고, 오히려 더 원한다.' 라고 외친다고 한다.[33] 우리도 탐욕스러움을 나타낼 때, 우스갯소리로 '내 것은 내 것, 네 것도 내 것' 이라는 말을 하는 경우가 있는데, 매우 적절한 비유인 것 같다. 탐욕의 보다 큰 문제는 일반적으로 탐욕은 집착을 수반한다는 점이다. 탐욕은 늘 마음이 그에 쏠리고 매달림으로써 그 탐욕으로부터 벗어나지 못하게 하는 속성을 가지고 있다. 그래서 탐욕을 흔히 괴

---

**33**  Ven. Howley, The Naked Buddha, 2003, p. 53.

로움을 낳는 암세포에 비유하는 것이며, 그 암세포는 바로 앞에서 본 무명으로부터 촉발(促發)된다.

(3) 진에(瞋恚: hatred): 진에란 증오(憎惡)하고 성내는 것을 가리키는 것으로, 괴로움의 중요한 원인의 하나이다. 사람들은 자기가 좋아하지 않는 것을 대하면 싫어하거나 화를 내는 경우가 많다. 물론, 싫어하고 화내는 경우가 모두 여기에서 말하는 진에는 아니다. 진에는 감정(感情)의 작용으로 정도의 문제라고 할 수 있다. 단순히 싫어한다거나 화를 내는데 그치지 않고, 상대를 증오하고 격하게 성내는 경우를 가리키는 것이 보통이다. 그러한 진에는 그 진에심(瞋恚心)을 일으킨 사람의 마음을 극도로 동요시키고, 스스로도 감정을 억제하지 못하는 수준에 이르게 함으로써 괴로움을 낳고, 진에는 진에를 불러 시간이 갈수록 더 깊어지는 것이 보통이다.

그러나 진에, 곧 누구를 증오한다거나 무엇인가에 대하여 화를 낸다는 것은 엄격히 말하면 자기 자신의 마음의 작용에 불과하다. 사실, 화를 낸다거나 증오심을 일으키는 것은 자기 혼자서 하는 짓이다. 누가 증오심을 가져다 준 것이 아니고, 누가 화를 건네준 것도 아니다. 누군가의 행위나 어떤 상태를 보고 그것이 자기 생각에 맞지 않거나 자기가 싫다고 생각할 때에 스스로 그에 대한 증오심을 일으킨다거나 화를 내는 감정의 상태를 만드는 것이다. 만일, 누가 모욕적인 말을 하거나 욕을 하는 경우에 그에 반응(反應)하지 않고, 그것을 받아들이지 않으면, 오히려 상대방의 마음이 불안해질망정 자기에게는 아무런 영향도 없이 지나가고 말 일이다. 그 진에심을 일으킨 사람이 스스로 괴로워할 뿐, 상대방은 자기를 증오하거나 미워하고 있다는 사실조차 모르고 있는 경우가 많으며, 이것은 진에심의 특색의 하나라고 할 수 있다. 그렇기 때문에, 증오(hatred)나 화(anger)는 육체적, 정신적으로 자기 스스로를 괴롭힐 뿐, 그 상대방에게는 별로 영향이 없는 것이 보통이다. 그러므로 진에라는 병을 일으키는 적은 바로 자기 스스로임을 알아야 한다.

(4) 업(業: karma): 업이란 불교적 개념의 하나로서, 사람이 생각하고 말하며 행동하는 것과 그로부터 파생(派生)되는 기(氣) 또는 에너지(energy)를 가리키는 것이며, 간단히 말하여 짓는다거나 행위(行爲)라고 할 수 있다. 이러한 행(行)은 뜻, 입이나 몸으로 이루어지는 것이라는 점에서 신구의(身口意) 삼업(三業)이라고도 한다. 업은 마음과의 관계에서 사업(思業)과 사이업(思已業)으로 나눌 수 있는데, 뜻으로 짓는 정신 내부의 의업(意業)을 사업이라 하고, 뜻을 정하여 그것이 외부에 표현되는 구업(口

業)과 신업(身業)을 사이업이라고 한다. 또, 행이 좋은 내용의 것인지의 여부에 따라 선업(善業)과 악업(惡業)으로 나누는 것이 보통이다.

앞의 로페츠 교수는 "업은 욕망(欲望: desire)과 혐오(嫌惡: hatred)에 바탕을 두며, 욕망과 혐오는 무명(無明: ignorance)으로 인하여 일어난다. 그러므로 만일 무명이 없어진다면 욕망과 혐오는 그 바탕을 잃고, 욕망과 혐오가 없으면 행위를 일으킬 것이 없어 업이 생길 여지가 없다. ... 무명을 종식(終熄)시킬 지혜를 기름으로써 새로운 업을 생겨나지 못하게 함은 물론, 과거의 행위로 인한 업의 종자를 없앨 수 있다."[34] 라고 한다. 결국, 무명 또는 어리석음[愚癡]이 모든 괴로움의 원인을 낳는 근간(根幹)이라는 것이다.

흔히 업이라고 하면 악업을 가리키는 경우가 많기 때문에, 업은 언제나 나쁜 것을 말하는 것으로 오해하는 예가 있으나, 앞에서도 본 바와 같이 업은 모두 나쁜 것이 아니고, 선업도 악업 못지않게 많음을 알아야 한다. 괴로움의 원인으로 작용하는 것은 두말 할 것 없이 악업임은 물론이다. 선업과 악업은

---

**34** Lopez, op. cit., p. 57.

열 가지 기준에 의하여 분별되는 것이 보통인데, 십선업(十善業)과 십악업(十惡業)이 그것이다. 먼저, 십악업 가운데 세 가지는 몸으로 짓는 것으로서, 살생하고 도둑질하며 사음(邪婬)하는 것이 그것이고, 다음의 네 가지는 입으로 짓는 것으로서, 거짓말 하고 이간질하는 말을 하며 꾸밈말을 하고 나쁜 말을 하는 것이 그에 해당하며, 끝의 세 가지는 마음으로 짓는 것이니, 성내고 삿된 소견을 가지며 매사에 분별을 일삼는 것이다. 십선업은 위의 악업에 반대되는 것을 말함은 물론이다.

업 가운데 악업은 우리가 괴로움이라는 늪에 빠져들게 하는 원인 가운데 하나이다. 불교의 연기법(緣起法)에 의하면 모든 것은 원인이 있고 거기에 연(緣), 곧 조건이 작용하여 그에 상응하는 결과가 생기는 것이다. 예를 들면 씨앗이 있고, 그 씨앗이 땅에 떨어져 적당한 수분과 태양열을 받게 되면 싹이 트고 자라서 어엿한 나무가 된다. 그때 땅에 떨어진 씨앗이 콩이면 콩이 날 것이고, 팥이라면 팥이 날 것이며, 좋은 씨앗이면 튼튼하고 좋은 싹을 틔울 것이고, 좋지 않은 씨앗이라면 온전하지 못한 싹을 틔울 수 있는 것과 같은 이치이다. 몸, 입 또는 뜻으로 나쁜 행을 하면 좋지 않은 결과가 올 것은 당연한 일이어서, 악업은 괴로움의 원인이 된다고 하는 것이며, 업이 있으면 시간의 길고 짧음에 차이는 있을지언정 언젠가는 그에 따르는 결과가 반드시 나타나는 것이 원칙이다. 비유컨대, 2005년에 이스라엘의 한 고고학자가 유적발굴과정에서 발견한 2000년 된 대추야자의 일종인 야자나무[35] 씨앗을 심어 싹을 틔우는데 성공하였다거나, 경남 함안군(咸安郡)에 있는 성산산성의 유물발굴작업을 하던 중 지하 4~5m의 연못 터에서 발견된 약 700년 된 연(蓮)의 씨앗을 심어 가꾼 결과 싹을 틔워 아름다운 분홍꽃을 피우기까지 한 것도 비슷한 예라고 할 수 있다.

여기에서 한 가지 분명히 할 것은 마음의 중요성이다. 마음으로 짓는 생각은 그것만으로는 밖에 나타나지 않기 때문에, 어떤 생각을 해도 무방할 것처럼 생각하기 쉬우나, 생각은 그 자체로서 의업(意業)을 이루고, 밖으로 드러나는 다른 업과 다를 것이 없다. 마음은 몸을 움직이는 동력이다. 그래서 붓다께서는 "마음이 가는 곳에 몸이 간다."라고 말씀하신 것이다. 마음이 집착으로 가득 차 있는 경우에는 자연히 몸은 그것을 실현하려고 든다. 잘못된 생각은 그 자체가 잘못된 행동의 인(因)이 된다는 말이다.

---

**35** 이미 1,500년 전에 멸종(滅種)된 것으로 알려진 종(種)이다.

사람은 매 순간 무엇인가를 생각하고 그에 따라 행동함으로써 선업이거나 악업이거나를 가릴 것 없이 업을 짓고 있는 것이며, 그것은 곧 앞으로 자신에게서 싹을 틔울 씨앗인 업이다. 업은 지금 곧 결과가 나타날 수도 있고, 1년이나 10년 뒤 또는 내세(來世)에 나타날 수도 있지만, 반드시 싹을 틔운다. 그러니 얼마나 무서운 일인가?

### 3) 괴로움의 사라짐:

괴로움의 사라짐의 거룩한 진리, 곧 고멸성제(苦滅聖諦)란 사람이 직면하고 있는 괴로움은 사라지게(nirodha) 할 수 있다는 것이다. 앞에서 본 괴로움의 거룩한 진리와 괴로움의 모임의 거룩한 진리를 말하면 잘 모르는 사람은 불교는 허무주의(虛無主義)에 가까운 것처럼 오해하는 수가 많다. 그러나 불교는 허무주의가 아님은 물론, 소극적인 것도 아니며, 구태여 말한다면 오히려 현실을 바로 본 실용적인 종교이다. 괴로움의 사라짐의 거룩한 진리, 곧 고멸성제(苦滅聖諦)는 위에서 본 바와 같은 인간의 괴로움은 없앨 수 있다는 진리를 천명한 것이다. 그런데, 만약 인간은 괴로움에서 벗어날 수 없는 숙명적(宿命的)인 것이라고 한다면 참으로 염세주의(厭世主義: pessimism)나 허무주의에 빠질 위험을 배제하기 어려울 것이다. 그러나 인간이 직면하고 있는 괴로움은 없앨 수 있다니 얼마나 고무적이고 희망에 찬 소식인가? 괴로움의 사라짐의 거룩한 진리에 관해서 사리불은 분별성제경에서 말하기를 "어떤 것이 고멸성제인가? 이른바, 중생에게는 실로 사랑하는 안의 여섯 곳이 있으니, 눈과 귀, 코, 혀, 몸, 뜻(眼耳鼻舌身意)이 그것이다. 그가 만일 해탈하여 물들지 않고 집착하지도 않으며, 끊어서 버리고 모두 뱉어서 욕심을 아주 없애버리면 이것을 고멸(苦滅)이라 한다. 많이 아는 거룩한 제자가 이렇게 이 법을 알며, 이렇게 보고, 이렇게 훤히 알며, 이렇게 자세히 보고, 이렇게 깨달은 것을 안다. 이것을 고멸성제라고 한다."라고 설명하여, 괴로움의 사라짐은 감각기관을 잘 다스려 집착과 욕심을 버림으로써 가능한 것이라고 말하였다.

붓다께서는 사람의 삶은 늘 괴로움이라고 가르치신 것이 아니다. 붓다께서는 우리가 사는 동안에 기쁨이나 즐거움 또는 아름다움이 있다는 것을 부인하지 않으신다. 붓다께서 말씀하신 것은 우리에게 있는 기쁨이나 즐거움은 일시적인 것에 지나지 않고, 길던 짧던 간에 곧 사라져 괴로움으로 바뀐다는 것이다. 붓다께서 괴로움을 말씀하신 것은 괴로움 자체를 가르치려는 것이 아니라, 우리는 괴로움에서 벗어나 영원히 자유롭고 행복한 길, 곧 해탈을 추구할 수 있다는 점을 가르치려 하신 것이고, 그 말씀이 곧 괴로움의 사라짐의 거룩한 진리, 곧 고멸성제이다.

무릇, 원인이 있고 그 원인으로 인해서 생긴 것은 고칠 수 있음은 불변의 진리이다. 우리가 경험하고 있는 괴로움은 아무런 원인도 없이 자연히 생긴 것이 아니고, 우리 스스로가 만든 원인으로 말미암은 것이어서 그로부터 벗어나는 길이 없을 수 없다. 붓다께서 그 가능성을 천명하신 것이 곧 괴로움의 사라짐의 거룩한 진리이다. 우리를 괴로움으로 이끈 원인만 제거한다면 그 바탕을 잃은 괴로움은 스스로 사리지지 않을 수 없다. 다시 말하면, 괴로움은 앞에서 본 괴로움의 모임의 거룩한 진리의 내용을 이루는 탐욕과 성냄과 어리석음이라는 삼독과 악업을 원인으로 하는 것이므로, 그러한 원인만 없애면 된다.

불교는 단순한 믿음의 종교가 아니라 실천의 종교이다. 그렇기 때문에, 사람이 당면한 괴로움에서 벗어나는 길은 기도나 종교적 의식 또는 공물(供物)의 다과(多寡)에 있는 것이 아니라, 붓다의 가르침을 스스로 실천하는 데 있다. 자기의 괴로움은 자기만이 고칠 수 있는 것이고, 다른 어느 누구도 고쳐주거나 구원해 줄 수 없다. 붓다께서는 괴로움의 사라짐의 거룩한 진리를 말씀하시어 우리는 괴로움으로부터 벗어날 수 있다는 확신을 주셨고, 뒤에서 볼 괴로움이 사라지는 길의 거룩한 진리를 가르치심으로써 괴로움으로부터 벗어나기 위해서 가야할 길을 알려주셨다. 그 길을 갈 것인지, 아닌지와 간다면 얼마나 열심히 갈 것인지는 오로지 우리 각자의 몫이다.

### 4) 괴로움이 사라지는 길:

괴로움이 사라지는 길의 거룩한 진리, 곧 고멸도성제(苦滅道聖諦)란 앞에서 본 괴로움의 사라짐의 거룩한 진리를 실현하는 길(magga)을 가리킨다. 괴로움이 사라지는 길의 거룩한 진리는 우리가 가야할 길을 구체적으로 제시한 것이지, 계명(誡命: commandment)이나 규범(規範 norm)이 아니고, 괴로움을 벗어나 대자유의 세계에 들기 위한 행동지침(行動指針)이다. 다시 말하면, 괴로움이 사라지는 길의 거룩한 진리는 위에서 본 세 가지 거룩한 진리와는 달리, 괴로움을 없애기 위한 구체적인 방편이다. 괴로움이 사라지는 길의 거룩한 진리에 관해서 사리불은 분별성제경에서 이르기를 "어떤 것이 고멸도성제인가? 이른바, 바른 소견, 바른 뜻, 바른 말, 바른 행위, 바른 생활, 바른 방편, 바른 마음챙김, 바른 선정이 그것이다."라고 하여 괴로움이 사라지는 길의 거룩한 진리를 간단히 설명하였다.

괴로움을 사라지게 하는 길은 여덟 가지 바른 길(八正道:

eight right paths)을 말하는 것으로서, 앞에서 본 바와 같이 정견 (正見), 정지(正志), 정어(正語), 정업(正業), 정명(正命), 정방편(正方便), 정념(正念) 및 정정(正定)의 여덟 가지이다.[36] 대승불교에 들어서 보살(菩薩)이 가야할 길로 육바라밀(六波羅蜜), 곧 보시(布施), 지계(持戒), 인욕(忍辱), 정진(精進), 선정(禪定) 및 반야(般若)의 여섯 바라밀이 제시되었지만, 팔정도와 본질적인 차이가 있는 것은 아니다. 우선, 정방편은 정진바라밀과, 정념은 반야바라밀과, 정정은 선정바라밀과 각각 상응하는 것이고, 정어와 정업 및 정명은 지계바라밀의 내용에, 정견과 정사유는 인욕바라밀의 내용에, 정명은 보시바라밀의 내용에 각각 상응하는 것이라고 할 수 있기 때문이다.

팔정도의 가르침은 설법 상대방의 처지나 근기(根機)에 따라 여러 가지 다른 형식으로 가르쳐진 경우도 있으나, 기본적인 틀에는 변함이 없다. 사성제와 팔정도의 가르침은 붓다의 처음 설법의 내용이었을 뿐만 아니라, 붓다의 전 생애를 통한 법문의 바탕이 된 것임을 이해할 필요가 있다.[37] 팔정도는 암송(暗誦)의 대상이 아니라 실천의 대상이다. 붓다께서 우리의 괴

---

**36** 이들은 후기(後期)에 들어 정지(正志)는 정사유(正思惟)로, 정방편(正方便)은 정정진(正精進)으로 불린다.

**37** Ven. Howley, Ibid. p. 66.

로움을 없애기 위한 길을 보이는 소상한 지도를 제시하신 것이니, 우리는 그 지도를 읽어 내용을 이해하면 스스로 그 길을 꾸준히 감으로써 비로소 목적지인 괴로움이 없는 피안(彼岸)에 이르게 되는 것이다. 붓다께서 제시하신 지도를 아무리 자주 읽고 외워 내용을 잘 안다고 해도 그 지도에 따라 스스로 가지 않으면 아무런 소용도 없음은 당연한 일이다. 환자가 병을 고치려면 의사가 처방한 약을 스스로 먹어야 하는 것처럼, 괴로움으로부터 벗어나기 위한 길인 여덟 가지 바른 길, 곧 팔정도는 실제로 스스로 행해야 하는 것이고, 다른 어느 누구도 대신하여 해줄 수 없는 것이다. 그렇기에 팔정도는 실천의 대상이라 하고, 가야할 길이라고 하는 것이다. 팔정도의 구체적인 내용에 대하여는 다음 장에서 따로 다루기로 한다.

## 4. 사성제의 삼전 십이행

사성제의 가르침은 단순한 이론의 나열에 그치는 것이 아니라, 실제로 이해하고 증득해야 하는 진리이다. 붓다께서 그에 관해서 말씀하신 구체적인 내용이 삼전(三轉) 십이행(十二行), 곧 세 번 굴려 열두 번 행하는 것이다. 붓다께서는 위에서 본 전법륜경에서 분명히 말씀하시기를 "비구들이여! 내가 이 네 가지 진리의 삼전 십이행에 대하여 눈, 지혜, 밝음, 깨달음이 생기지 않았으면 나는 끝내 모든 하늘, 악마, 범(梵), 사문,

바라문들의 법을 듣는 대중 가운데에서 해탈하고, 나오고, 떠나지 못하였을 것이요, 또한 스스로 아누다라삼막삼보리를 증득하지 못하였을 것이다. 그러나 나는 이미 네 가지 진리의 삼전 십이행에 대하여 눈, 지혜, 밝음, 깨달음이 생겼기 때문에 모든 하늘, 악마, 범, 사문, 바라문의 법을 듣는 대중 가운데에서 나오게 되고, 벗어나게 되었으며, 스스로 아누다라삼막삼보리를 이루게 되었느니라."라고 하시어, 네 가지 거룩한 진리의 실행방법으로서의 삼전 십이행, 곧 세 번 굴려 열두 번 행하신 것을 분명히 하셨다.

### 1) 삼전(三轉):

삼전이란 사성제를 세 바퀴 굴린다는 뜻으로, 처음 굴림을 시전(示轉), 둘째 굴림은 권전(勸轉) 및 세 번째 굴림을 증전(證轉)이라 한다. 상근(上根)의 사람은 시전으로써, 중근(中根)은 권전에 의하여, 하근은 증전으로써 각각 깨닫는다고 하지만, 이는 하나의 비유적인 말로 보인다. 삼전은 견도(見道), 수도(修道) 및 무학도(無學道)에 배대(配對)하는 수도 있다. 사성제, 곧 네 가지 거룩한 진리를 말씀하신 전법륜경을 처음 읽는 사람들 가운데에는 왜 같은 말을 세 차례나 되풀이 하셨는지 모르겠다고 의아하게 생각하는 사람도 있다. 그러나 그 경문(經文)을 자세히 보면 세 차례의 말씀이 각각 다름을 알 수 있다.

① 시전(示轉): 사성제의 법바퀴를 처음 굴리는 것을 시전이라 하는데, 네 가지 거룩한 진리를 "드러내 보임으로써 알게 하는 법바퀴의 굴림"이라는 뜻이다. 우리는 우선 우리가 직면하고 있는 괴로움에 관한 네 가지 거룩한 진리를 알고 깊이 생각해야 한다. 이것이 바로 처음 굴림의 뜻이다. 고성제는 괴로움의 실상을, 고집성제는 괴로움의 원인을, 고멸성제는 괴로움은 사라질 수 있다는 진리를, 그리고 고멸도성제는 괴로움을 사라지게 하는 방법을 밝힌 거룩한 가르침이라는 것을 확실히 알아야 한다. 사성제의 내용에 관해서 잘 알아야 그에 대한 확신이 생겨 실행에 정진할 수 있을 것임은 당연한 일이다.

사람들은 우리가 직면하고 있는 괴로움에 대해서 잘 모르거나, 알더라도 으레 그럴 것으로 체념하는 수가 많다. 우리는 무엇보다도 먼저 우리가 겪고 있는 괴로움을 제대로 인식하고, 그것이 육체적인 것인지, 정신적인 것인지 등을 정확히 분별해야 한다. 그런 다음에는, 왜 그러한 괴로움이 일어나게 되었는지를 깊이 생각하여 알도록 해야 한다. 괴로움의 원인을 바르게 안 다음에는 그 괴로움은 없앨 수 있다는 것을 알고 그 실행에 대한 확신을 가져야 한다. 이에 관해서 붓다께서는 전법륜경에서 이르시기를 "이것은 괴로움의 거룩한 진리이다. 본래부터 일찍이 듣지 못한 법이니, 마땅히 바르게 생각하라.

그때에는 눈, 지혜, 밝음, 깨달음이 생길 것이다. 이것은 괴로움의 모임, 괴로움의 사라짐, 괴로움이 사라지는 길의 거룩한 진리이다. 본래부터 일찍이 듣지 못한 법이니, 마땅히 바르게 생각하라. 그때에는 눈, 지혜, 밝음, 깨달음이 생길 것이다." 라고 하시어, 네 가지 거룩한 진리에 대해서 '바르게 생각하라'고 강조하셨다.

(2) 권전(勸轉): 네 가지 거룩한 진리의 법바퀴를 두 번째로 굴리는 것을 권전이라고 하는데, "네 가지 거룩한 진리 하나 하나에 대해서 할 일을 권장(勸獎)하는 부분"이다. 곧 괴로움의 거룩한 진리를 통해서 괴로움의 실상을 알게 하고[所見], 괴로움의 모임의 거룩한 진리를 통해서 괴로움의 원인을 알면 그 것을 끊도록 하며[所斷], 괴로움의 사라짐의 거룩한 진리를 통해서 괴로움은 벗어날 수 있다는 것을 알았으면 그것을 증득하게 하고[所證], 괴로움이 사라지는 길의 거룩한 진리를 통해서 괴로움을 벗어나는 길을 알았으면 그것을 닦으라는[所修] 것이다. [38] 붓다께서는 전법륜경에서 말씀하시기를 "다음에는, 괴로움의 거룩한 진리에 대한 지혜도 본래부터 일찍이 듣

---

**38** 용수보살(龍樹菩薩) 저, 중론(中論: Madhyamaka-Sustra), 제24 관사 제품(觀四諦品) 중 40게(偈) 참조.

지 못한 법이니 마땅히 바르게 생각하라. 그때에는 눈, 지혜, 밝음, 깨달음이 생길 것이다. 괴로움의 모임의 거룩한 진리를 이미 알았으면 마땅히 끊어야 한다. 이것도 본래부터 일찍이 듣지 못한 법이니 바르게 생각하라. 그때에는 눈, 지혜, 밝음, 깨달음이 생길 것이다. 다음에는 괴로움의 사라짐의 거룩한 진리이니, 괴로움의 사라짐의 거룩한 진리를 이미 알았으면 마땅히 증득할 줄 알아야 한다. 이것도 본래부터 일찍이 듣지 못한 법이니 마땅히 바르게 생각하라. 그때에는 눈, 지혜, 밝음, 깨달음이 생길 것이다. 다시 괴로움이 사라지는 길의 거룩한 진리를 이미 알았으면 마땅히 닦아야 한다. 이것도 본래부터 일찍이 듣지 못한 법이니 마땅히 바르게 생각하라. 그때에는 눈, 지혜, 밝음, 깨달음이 생길 것이다."라고 하셨는바, 괴로움은 바르게 알고, 괴로움의 원인은 끊으며, 괴로움의 사라짐은 증득하고, 괴로움이 사라지는 길은 닦도록 하라는 것이다.

권전은 네 가지 거룩한 진리를 실행에 옮기는 구체적인 방법을 제시하고 그 이행을 권하는 내용이다. 앞에서도 설명한 바와 같이 네 가지 거룩한 진리는 실용적인 진리이지, 형이상학적(形而上學的)인 이론이 아니다. 그렇기 때문에 네 가지 거룩한 진리는 아는 것만으로는 의미가 없다. 알 것은 알고, 끊을 것은 끊으며, 증득할 부분은 증득하고, 닦아나갈 것은 확신을 가지고 닦아야 한다. 그러면, 눈, 지혜, 밝음, 깨달음이 생긴다고 붓다께서 분명히 말씀하신 것이다. 입으로만 뇌이고 제대로 행하지도 않으면서 결과에 조급하면 그것 자체가 또 하나의 괴로움으로 고개를 내밀게 될 것이다.

(3) 증전(證轉): 네 가지 거룩한 진리의 법바퀴를 세 번째 굴리는 것을 증전이라고 하는데, 앞의 권전을 통하여 성실하게 실행에 옮기면 네 가지 거룩한 진리의 뜻을 이루어 증득(證得)하게 되는 단계이다. 녹야원에서의 초전법륜의 경우, 다섯 비구들 가운데 한 분인 교진여(憍陳如)는 바로 이 삼전으로 무명을 떠나 진리를 깨달음으로써 붓다로부터 아냐타 콘단냐(阿若拘隣: Annata Kondanna)라는 호칭(呼稱)을 얻게 되었는바, 이 증전은 앞의 권전을 통해서 닦은 바를 다시 바르게 생각하게 하는 단계이다. 그에 관해서 붓다께서는 전법륜경에서 이르시기를 "다음에는 비구들이여! 이 괴로움의 거룩한 진리를 이미 알고 이미 알았으면 나와서 아직 듣지 못한 법을 마땅히 바르게 생각하라. 그때에는 눈, 지혜, 밝음, 깨달음이 생길 것이다. 다시 괴로움의 모임의 진리를 이미 알고 이미 끊었으면 나와서 아직 듣지 못한 법을 바르게 생각하라. 그때에는 눈, 지혜, 밝음, 깨달음이 생길 것이다. 다시 괴로움의 사라짐의 진리를 이미 알고 이미 증득하였으면 나와서 아직 듣지 못한 법을 바르게

생각하라. 그때에는 눈, 지혜, 밝음, 깨달음이 생길 것이다. 다시 괴로움이 사라지는 길의 진리를 이미 알고 이미 닦았으면 나와서 아직 듣지 못한 법을 바르게 생각하라. 그때에는 눈, 지혜, 밝음, 깨달음이 생길 것이다."라고 말씀하셨다.

사람들은 괴로움의 늪에 빠져 허덕이고 있지만, 그 늪은 헤어나지 못할 늪이 아니라는 것을 붓다께서 확인하셨고, 그 헤어나는 길을 자세히 일러주셨다. 우리가 할 일은 바로 그 일러주신 바를 착실히 행하기만 하면 되는 것이다. 길이 있으면 스스로 가야 한다. 본인이 스스로 한발 한발 착실히 나아가야 목적지에 이를 수 있다. 가보지도 않고 길이 험하다거나 너무 멀고 쉴 곳조차 없다고 탓한들 무슨 소득이 있을 것인가? 제대로 실행하지도 않고 불평만 늘어놓는 것은 자기의 허물을 스스로 감추고, 또 다른 허물을 짓는 일일 뿐임을 알아야 한다.

### 2) 십이행(十二行)

십이행이란 네 가지 거룩한 진리의 각 내용을 열두 번 행한다는 뜻이며, 그것은 결국 위에서 본 삼전의 구체적인 실행을 말하는 것이다. 곧, 4성제를 각각 3전하여 각 성제(聖諦)별로 본다면 12번 행한 것이 됨을 뜻한다. 결국, 사성제의 내용을 각각 세 번 굴려 어김없이 실행한다는 뜻이다.

# IV  사성제의 본래적 내용—분별성제경

붓다께서는 한때 슈라바스티의 기수급고독원(祇樹給孤獨園)에 계시면서 비구들에게 사성제에 대해서 말씀하셨는데, 사성제의 요점만을 설명하신 뒤에, 그 구체적 내용은 사리불이 부연(敷演)하여 설명하도록 하심으로써 사리불이 사성제의 내용을 비구들에게 구체적으로 분별하여 설명한 경이 분별성제경(分別聖諦經)[39]이다. 이 경은 사성제의 본래적인 내용을 가장 구체적으로 분별하여 설명한 경으로, 초전법륜(初轉法輪)을 담은 전법륜경(轉法輪經)과 함께 사성제에 관한 가장 소중한 경으로 인식되고 있다.

붓다께서는 사성제는 과거, 현재 및 미래의 여러 부처님, 곧 삼세의 모든 붓다께서 설하시는 법으로, 해탈에 이르기 위하여 마음을 닦는 맑고 깨끗한 행업(行業)임을 강조하신 다음, 존자 사리불(舍利弗)과 목건련(目犍連)을 높이 찬탄(讚歎)하시면서, 사리불은 모든 범행(梵行)을 낳은 어머니, 곧 생모(生母)에, 목건련은 모든 범행을 길러낸 어머니, 곧 양모(養母)에 비유하여 말씀하시기까지 하였다. 붓다께서는 위와 같이 간단히 말

---

**39** 중아함 7: 31 분별성제경.

108

씀하시고 곧 방으로 들어가셨다.

이에, 사리불 존자는 먼저 붓다께서는 우리들 중생을 위하여 세상에 나오시어, 사성제를 널리 가르치시고, 두루 보이시며, 분별하여 드러내시고, 그에 대한 믿음을 열고 시설하여 나타내 보이시고 나아가게 하셨음을 강조하였다. 그런 다음, 사성제, 곧 네 가지 거룩한 진리는 고성제(苦聖諦)와 고집성제(苦集聖諦), 고멸성제(苦滅聖諦) 및 고멸도성제(苦滅道聖諦)의 네 가지임을 말한 다음, 그 네 가지 거룩한 진리의 내용을 하나하나 구체적으로 분별하여 설명하였다. 이 경의 이름을 분별성제경이라고 한 것도 그에서 비롯된 것이다.

사리불 존자는 곧 이어 사성제의 설명에 들어가 말하기를 "어떤 것이 고성제인가? 이른바, 태어남은 고통이요, 늙음은 고통이며, 병은 고통이고, 죽음은 고통이며, 원수와 만남이 고통이고, 사랑과 헤어짐이 고통이며, 구하여 얻지 못함이 고통이요, 간략하게 줄여서 오온(五蘊)의 성함에서 일어나는 고통이니라."라고 하여, 고성제의 뜻을 설명하였다.

붓다께서는 왕자로 계실 때, 이른바 사문출유(四門出遊)를 통하여 허리가 굽어 헐떡이는 노인을 보고 모든 사람에게 올 늙음의 괴로움을 보시고, 죽어가는 병자(病者)를 보아 사람의 병듦으로 인한 고통을 보셨으며, 죽은 자의 장례행렬을 보고 모든 사람에게 닥칠 죽음에의 불안을 실감하심으로써, 인생이 얼마나 덧없고 괴로움에 싸인 것인지에 대한 큰 의문을 갖게 되신 것은 잘 알려진 사실이다. 바로 그러한 괴로움의 실상을 밝히신 것이 고성제라고 할 수 있다. 괴로움은 모두 오온, 곧 물질[色], 느낌[受], 생각[想], 뜻함[行] 및 의식[識]에서 비롯되는 것이어서, 한 마디로 오온이 치성(熾盛)함에서 오는 괴로움이라고 할 수 있고, 그것은 고금(古今)을 통하여 변하지 않는 진리이다.

사리불 존자는 고성제에 관한 설명을 마치자, 곧 이어 "어떤 것이 고집성제인가? 이른바, 중생에게는 실로 사랑하는 안의 여섯 곳이 있으니, 눈과 귀, 코, 혀, 몸, 뜻[眼耳鼻舌身意]이 그것이다.. 그 중에서 만일 애욕(愛欲)이 있고, 더러움이 있으며, 물듦이 있고, 집착이 있으면 이것을 모임이라 한다."라고 고집성제를 설명하였다. 인생의 실상이 고뇌(苦惱)에 찬 것이라고 한다면, 그러한 고뇌의 원인이 무엇인지를 분명히 밝히는 것은 당연한 일이다. 붓다께서는 현세(現世)에 겪는 여러 괴로움은 모두 애욕을 원인으로 하되, 그 애욕은 모두 눈, 귀, 코, 혀, 몸, 뜻의 여섯 곳[六處]을 통하여 일어나는 오욕(五欲)인

색욕(色欲), 재욕(財欲), 식욕(食欲), 수면욕(睡眠欲) 및 수욕(壽欲)에 탐착(貪着)함에서 비롯되는 것이고, 그것이 곧 괴로움의 원인이라고 하셨다. 그러므로 그것은 결국 자신의 마음이 만들어낸 것이며, 마음에 괴로움의 원인에 대한 책임이 있는 셈이다. 이 애욕은 탐(貪)하고, 성내며[瞋], 어리석음[癡]의 삼독(三毒)을 통하여 번뇌로 나타난다.

사리불 존자는 다시 고멸성제에 대하여 이르시기를 "어떤 것이 고멸성제인가? 이른바 중생에게는 실로 사랑하는 안의 여섯 곳이 있으니, 눈과 귀, 코, 혀, 몸, 뜻이 그것이다. 그가 만일 해탈하여 물들지 않고, 집착하지도 않으며, 끊어서 버리고 모두 뱉어서 욕심을 아주 없애버리면 이것을 고멸(苦滅)이라 한다."라고 설명하였다. 결국, 앞에서 본 육처, 곧 눈, 귀, 코, 혀, 몸과 뜻 및 육계(六界), 곧 흙, 물, 불, 바람, 허공과 의식[地水火風空識]에의 애욕에 물들어 집착하지 않고, 그것을 끊어 없애면 곧 괴로움이 사라지게 된다. 고멸, 곧 괴로움의 사라짐의 실현은 번뇌를 없애는 것으로서, 그것은 곧 해탈(解脫)의 실현이며, 불교에서 이상으로 삼는 경지인 것이다. 괴로움의 사라짐으로써 모든 번뇌를 없애는 것은 곧 모든 얽매임에서 벗어나 걸림 없는 지혜를 성취하는 것인데, 그러려면 욕락(欲樂)으로부터 벗어나야 하고, 그것은 곧 탐하고 성내며 어리

석은 세 가지 해독[三毒]을 없앰으로써 비로소 성취할 수 있는
것이다.

마지막으로, 괴로움이 사라지는 길의 거룩한 진리, 곧 고멸
도성제에 관하여 사리불 존자는 설명하기를 "어떤 것이 고멸
도성제인가? 이른바 바른 소견[正見], 바른 뜻[正志], 바른 말[正
語], 바른 행위[正業], 바른 생활[正命], 바른 방편[正方便], 바른
마음 챙김[正念]과 바른 선정[正定]이 그것이다."라고 팔정도(八
正道)를 말한 다음, 그 하나하나에 대한 설명이 이어졌다.[40]
불제자로서 갖는 이상으로 삼는 것은 모든 번뇌를 벗어나 해
탈을 실현하는데 있는 것이고, 그 이상은 다른 종교에서와 같
은 추상적인 이상이 아니라, 수행과 실천을 통하여 구체적인
현실생활 가운데에서 성취할 수 있다는 데에 의의가 있으며,
고멸도성제를 이루는 팔정도의 실천이야 말로 그 이상에 이
르는 첩경인 것이다.

--------------------

**40** 당초의 팔정도는 후기에 이르러 정지(正志)는 정사유(正思惟)로, 정방편
(正方便)은 정정진(正精進)으로 용어가 바뀌었음은 위에서 설명한 바와
같다.

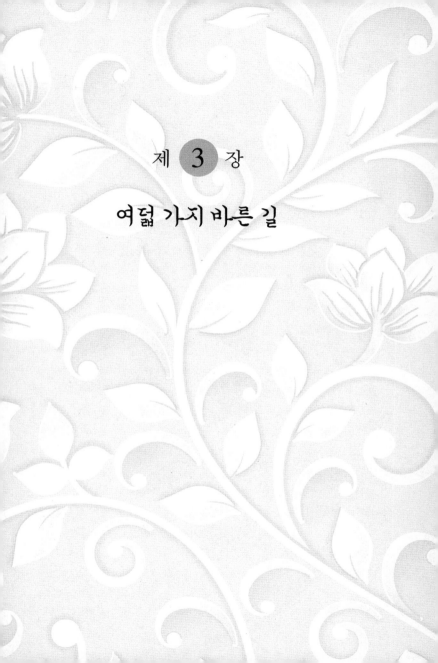

제 3 장

여덟 가지 바른 길

# Ⅰ 처음에

여덟 가지 바른 길[八正道: eight right paths]은 앞에서 본 바와 같이 사성제 가운데 마지막인 고멸도성제(苦滅道聖諦)의 내용을 이루는 구체적인 실행수단이다. 이에 관해서 자세히 풀어 설명하신 경으로 잡아함의 광설팔성도경(廣說八聖道經)[41]이 있으며, 붓다께서는 팔정도의 하나하나를 재가신도(在家信徒)의 경우와 출가승(出家僧)의 경우로 나누어 설명하였다.[42] 여기에서는 일반인에게 적용되는 여덟 가지 바른 길을 중심으로 살펴보되, 필요에 따라 출가승에 대한 경우를 부연하여 설명하기로 한다.

팔정도의 내용을 구체적으로 살펴보기에 앞서 다시 한 번 밝히고 넘어갈 것은 붓다께서 45년에 걸쳐 펴신 가르침은 모두 직접, 간접으로 팔정도와 관련되어 있다는 점이다. 붓다께서는 설법을 듣는 상대방의 근기와 붓다의 가르침에 대한 이해의 정도에 따라 적절한 방법과 용어를 구사하셨고, 이를 흔히 대기설법(對機說法)이라고 부르지만, 근본 가르침은 모두 여덟

---

**41** 잡아함 28: 785 광설팔성도경.
**42** 팔정도에 관한 설명을 담은 빨리(Pali) 경전인 무명품(Avija-Vagga: SN. V.8)은 팔정도를 수행승(修行僧)을 예로 설명하고 있다.

가지 바른 가르침과 관련된다는 것을 알 필요가 있다.

붓다께서는 배우고 익힘에 관해서 늘 삼학(三學)을 강조하시면서, 그 어느 하나에 기울지 않도록 가르치셨다. 삼학이란 잡아함의 삼학경(三學經)[43]에서 말씀하신 것처럼, 계율(戒律), 선정(禪定) 및 지혜(智慧)에 관한 배움을 말한다. 그런데, 이 삼학도는 내용적으로 새로운 것이 아니라, 팔정도, 곧 여덟 가지 바른 길을 구분한 것이라고 할 수 있다. 먼저, 계율의 배움이란 계율을 지켜 습관적인 악행(惡行)을 고쳐 선행(善行)으로 나아가게 하는 것으로서, 팔정도 가운데 바른 말[正語], 바른 행위[正業]와 바른 생활[正命]이 그에 해당한다. 또, 선정의 배움은 선정에 들어 마음을 고요히 함으로써 바른 지혜에 이를 수 있도록 하려는 것으로서, 팔정도 가운데 바른 마음 챙김[正念]과 바른 선정(禪定)이 그에 속한다고 할 수 있다. 끝으로, 지혜의 배움은 반야(般若)의 지혜를 계발함을 말하는 것으로서, 그것은 단순한 지식이나 경험을 통한 알음알이의 축적이 아니라, 우주의 진리를 깨달은 참된 지혜를 말하며, 그것은 흔히 슬기라고 한다. 팔정도 가운데 바른 소견[正見]과 바른 생각[正思惟]은 그에 해당한다고 할 수 있다. 팔정도 가운데 바른 정진[正精

---

**43** 잡아함 30: 832 삼학경.

進]은 삼학 모두에 필요한 덕목이다.

여덟 가지 바른 길은 순서대로 하나하나 단계적으로 익히
고 닦아나가야 한다고 생각하기 쉬우나, 그것은 잘못된 생각
이다. 여덟 가지 바른 길은 가능하면 그 모두를 동시적으로 익
히고 실행에 옮겨야 한다. 왜냐하면 팔정도의 내용은 모두가
서로 연관되어 있을 뿐만 아니라. 각 덕목(德目)은 서로 서로
그 실행을 돕는 입장에 있기 때문이다. 팔정도는 세 부분으로
크게 나누어볼 수 있는데, 윤리적 요구, 지혜적 요구와 의지적
요구가 그것이다. 먼저, 바른 말[正語], 바른 행위[正業] 및 바른
생활[正命]은 다분히 윤리적 규범으로서의 의미가 강하다. 그
에 비하여, 바른 소견[正見], 바른 생각[正思惟]과 바른 마음 챙
김[正念]은 지혜의 범주에 속한다고 할 수 있다. 그런가 하면,
바른 방편[正方便]과 바른 선정[正定]은 의지적 측면이 강하다.
그러나 앞에서도 언급한 바와 같이 이들 팔정도의 내용은 그
직접 성격에 관계없이 서로 연관되어 전체로서 하나의 목표,
곧 괴로움의 사라짐을 실현시킨다는 목표로 이끌어주는 구실
을 한다. 예컨대, 바른 말이나 바른 행위 없이 바른 소견이나
바른 생각 또는 바른 마음 챙김 같은 온전한 지혜를 기대할 수
없고, 바른 방편이나 바른 선정 없이 올바른 지혜가 계발되기
어렵다는 것은 쉽사리 짐작할 수 있는 일이다.

# II 팔정도의 내용

## 1. 바른 소견

바른 소견[正見: right view]을 한 마디로 말한다면 올바르고 건전한 견해라고 할 수 있지만, 그것은 매우 깊은 뜻을 안고 있는 개념이다. 여기에서 바른 소견이란 곧 아상(我相)을 떠난 소견으로, 모든 존재에 대한 자비심과 생명을 아끼고 기르는 마음을 바탕에 깔고, 실상(實相)을 있는 그대로 볼 수 있는 마음의 상태를 가리킨다고 할 수 있다. 우리가 갖는 견해는 사물에 대한 인식에서 우러나는 것이 보통인데, 사람들은 있는 그대로를 바르게 인식하지 못하고, 자기의 의식 속에 담긴 분별심(分別心)과 관념을 바탕으로 해서 나름대로의 인식을 하기 때문에, 그 인식은 허망하기 짝이 없는 것이 보통이다. 열 사람이 한 자리에 앉아 하늘에 뜬 구름을 함께 보아도 그들이 느끼는 것은 제각기 다르기 마련이다. 그렇기 때문에, 붓다께서는 허망한 인식에 희롱당하지 말라고 강하게 이르신 것이다. 붓다께서는 우리의 일상적인 인식은 대부분 잘못된 것이고, 우리의 괴로움은 그 잘못된 인식에서 비롯된다고 되풀이 하여 가르치셨음을 알아야 한다.

위에서 본 광설팔성도경에서는 바른 소견을 설명함에 있어 먼저 세간의 바른 소견이란 "보시와 주장이 있음을 보고, 나아가 이 세상에 아라한이 있어 후생(後生)의 몸을 받지 않는 줄을 아는 것"이라고 한 다음, 출가승의 바른 소견은 "네 가지 거룩한 진리에 대하여 바르게 생각하여, 번뇌가 없는 생각과 서로 맞아 법을 가리고 분별하며 구하여 깨달음과 지혜로 깨닫고 관찰하는 것"이라고 하였다. 이를 통해서 볼 때, 바른 소견은 무엇보다도 네 가지 거룩한 진리의 내용에 대하여 바로 알고 깊게 생각하는 것이라고 하겠다.

사람들은 감각기관을 통해서 바깥 경계(境界)와 접촉함으로써 그 존재를 인식함에 있어서 언제나 자기가 배운 지식, 경험, 취향(趣向) 등을 기준으로 각색(脚色)된 상태의 것을 인식하기 때문에, 그것은 사물을 있는 그대로 보는 것이 아니라, '나'라는 거울을 통해서 보고 생각하는 것이다. 그렇기 때문에, 같은 장미꽃을 놓고도 어떤 사람은 붉은 장미를 선호하고, 어떤 사람은 노랑장미가 제격이라고 하는가 하면, 다른 사람은 흰 장미야말로 제대로 장미다운 것이라고 주장한다. 이러한 모습은 모두 우리의 생각은 나름대로의 분별을 수반하는 것임을 잘 보이는 예이고, 우리의 인식이 얼마나 자의적(恣意的)이고 편견(偏見)에 싸인 허망한 것인지를 보이는 예이다. 괴로움이나 행복에 대한 견해도 마찬가지이다. 사람들은 괴로움은 마치 자기 혼자만 겪고 있는 것으로 생각하여 깊은 고민에 빠지는가 하면, 행복의 척도(尺度)도 사람마다 다르다. 바른 소견을 갖는다는 것이 얼마나 중요한 것인지, 또 그것이 얼마나 어려운 일인지를 실감하게 한다.

상대적으로 볼 때, 소견에는 바른 소견과 바르지 않은 소견의 두 가지가 있을 수 있다. 그러나 보다 깊고 엄격히 본다면거의 모든 소견은 바르지 않다고 할 수 있다. 생각이 없는 것만이 진리의 세계라고 할 수 있다. 그러나 생각이 없다는 생각도 또한 생각임에는 틀림이 없다. 우리가 소견을 말할 때, 흔히 관점(觀點: point of view)이라는 말을 쓰는 것도 그렇게 본 점에서의 말이라는 것이고, 그 보는 점이 바뀌면 소견도 달라지기 마련임을 암시하는 것이다. 그림을 그려도 백지에 그려야제대로의 그림이 되는 것처럼, 우리의 소견도 무념(無念)을 전제로 해야 한다. 금강경(金剛經)에서 이르기를 "모든 관념을 떠난 이를 부처라 한다."(離一切相 則名諸佛)라고 한 것도 바른 소견을 갖기 위해서는 모든 상(相)을 버리고 있는 그대로 보아야하는 것임을 말한 것이라고 할 수 있다.

바른 소견은 수행을 통해서 익혀야 한다. 아니, 익힌다는것보다도 찾아내야 한다. 바른 소견을 닦는다고 해도 그것은 붓다의 가르침에 대한 퍽 추상적인 생각을 벗어나지 못한 상태에서의 일이다. 우리는 누구나 바른 소견의 씨앗을 간직하고 있다. 흔히 불성(佛性: Buddha nature)이라고 하는 것이 그것이다. 바른 소견의 씨앗이 삼독, 곧 무명과 탐욕 및 진에에 가려 보이지 않을 뿐이다. 바른 소견의 씨앗이 눈을 틔우지 못하게 하는 장애만 없애면 되는데, 그 일이 그리 쉬운 일이 아니다. 그래서 확신을 가지고 바른 방편, 곧 바르게 정진할 것을 요구한 것이다.

## 2. 바른 사유

초기불경인 아함경에서 볼 수 있는 바른 뜻[正志: right aim]은 뒤에 바른 사유[正思惟: right thinking]로 바꿔 부르게 되어 오늘에 이르고 있다. 그러므로 여기에서는 편의상 오늘날 보편화되어 있는 '바른 사유'로 살펴보기로 한다. 바른 사유란 모든 사상(事象)을 각색함이 없이 있는 그대로 바로 보고 생각하는 것을 말한다. 우리가 앞에서 본 바른 소견을 갖기 위해서는 바른 사유를 필요로 한다. 바꾸어 말하면, 견해(見解)는 그에 이르기 위해서 사유, 곧 생각을 해야 하기 때문에, 생각을 바르게 하기 위한 수련은 곧 바른 소견을 갖는데 없을 수 없는 요소임과 동시에, 바른 소견을 갖고 사유를 하면 자연히 바른 사유에 이르게 한다. 결국, 바른 소견과 바른 사유는 상보관계(相補關係)

에 있는 것임을 알 수 있다. 그 뿐만 아니라, 생각은 행동을 유발(誘發)하는 것이 보통이기 때문에, 바른 사유는 뒤에 볼 바른 행위를 위해서도 불가피한 것이다.

생각 또는 사유는 견해를 구성하는 과정적(過程的)인 경우가 많다. 그런데, 과정은 단순한 과정에 그치는 것이 아니라, 그 과정을 거쳐 이루어지는 결과에 직접 영향을 미치게 된다. 그렇기 때문에, 과정의 중요성을 강조하는 것이다. 생각은 그 대상인 일이나 존재에 대한 인식을 수반하는 것이 보통인데, 존재에 대하여 바르게 인식한다는 것이 여간 어려운 일이 아니다. 우리는 종종 어떤 한 가지 생각을 하면서 몸은 다른 일을 하고 있다거나, 무엇인가를 보되 기존의 관념을 통해서 분별하여 보는 것이 예사이다. 그 결과는 당연히 옳지 않은 생각이 자리를 잡고, 바르지 않은 소견으로 이어지게 된다. 바른 뜻, 곧 바른 사유에 대하여 앞에서 본 광설팔성도경에서는 이르기를 "어떤 것이 세속의 바른 뜻으로서, 번뇌와 잡음이 있으되 좋은 세계로 향하는 것인가? 그것은 탐욕을 뛰어넘은 생각, 성냄이 없는 생각, 해치지 않는 생각이니, 이것이 이른바, 바른 뜻으로서, 번뇌와 잡음이 있으되 좋은 세계로 향하는 것이다. 어떤 것이 세간을 뛰어난 성인의 바른 뜻으로서 번뇌와 잡음이 없고, 바로 괴로움을 없애어 괴로움의 끝으로 향하는 것인가? 거룩한 제자는 괴로움을 괴로움이라 생각하고, 모임, 사라짐, 길을 길이라 생각하여 번뇌가 없는 생각과 서로 맞아 마음과 법을 분별하고 스스로 결정하여 뜻으로 알고 헤아리고 세어 뜻을 세우는 것이니라."라고 하였는바, 이 뜻을 종합하여 본다면, 사성제의 내용을 바로 알고, 탐욕, 성냄, 해치려는 마음[害心]과 망상함[迷妄]을 떠난 생각을 바른 사유라 하는 것임을 알 수 있다.

데카르트(Rene Descartes)는 "나는 생각한다. 그러므로 나는 존재한다."(cogito ergo sum)라는 유명한 말을 남겼지만, 그것은 인간은 사색(思索)이라는 사실을 통해서 우리의 존재를 입증할 수 있다는 것이다. 그러나 실은 무관심한 일상적인 생각이 우리를 좀먹고 있다는 것을 알아야 한다. 마음과 몸이 하나로 되지 않는 한, 우리는 미망 속에서 방황하고, 결국 참으로 살아 있다고 보기 어려운 것이다. 바른 사유는 마음과 몸이 하나 되어 현재 이 순간을 제대로 인식할 때에 비로소 싹이 트는 것이다. 그러나 우리의 현실은 그와 거리가 먼 경우가 많다. 통계에 의하면 우리가 일상적으로 하고 있는 생각의 약 70%는 지난 과거에 관한 것이고, 약 20%는 아직 오지 않은 미래에 관한 것이며, 약 10%정도가 현재의 생각이라고 한다. 우리가 필요 없는 생각을 얼마나 많이 하고 있는지를 극명(克明)하게 보여주는 것이다. 과거의 일은 이미 지나간 옛 일로서 돌이킬 수 없는 것이고, 미래의 일은 아직 오지도 않은 추상적인 것이며, 오직 현재 이 순간만 있을 뿐이고, 사유의 대상으로 삼을 만한 것이다.

바른 사유로 이끄는 수행방법으로 틱낫한(Thich Nhat Hanh) 스님은 다음의 네 가지를 제시한다.[44] 첫째로, '틀림이 없는 가?'를 되풀이 확인하여 바로 보라고 한다. 어두운 밤에 길에 놓인 새끼줄을 뱀으로 생각하여 놀라는 우(愚)를 범하지 말라는 것이다. 잘못된 인식은 잘못된 생각을 낳는다.

둘째로, '내가 무엇을 하고 있는가?'를 제대로 확인하라고 한다. 이 물음은 과거에 대한 집착이나 미래에 대한 망상을 버리고 바로 현재에 서서 생각할 수 있도록 한다는 것이다. 현재 이 순간의 자기와 자기의 행을 바로 보는 것은 탐욕과 성냄을 버리게 하는 지름길이 된다. 자기의 현재를 직시(直視)하면 쓸 데없는 욕심이나 남에게 욕하고 화내는 일로부터 쉽게 벗어 날 수 있기 때문이다.

셋째로, 습관으로부터 해방되라고 한다. 우리는 살아가는

---

**44** Thich Nhat Hanh, The Heart of the Buddha's Teaching, 1998, pp. 60, 61.

과정에서 자기도 모르는 사이에 여러 가지 습관이 들고, 그 습관은 언제나 우리의 생각과 행동을 구속한다. 우리의 행동은 우리의 생각에 의존하고, 우리의 생각은 우리의 습관의 지배를 받는 것이 보통이다. 그래서, 습관은 우리를 바르지 않은 사유로 이끌게 되는 것이다.

넷째로, 보리심(菩提心)을 기르라고 한다. 모든 중생의 행복을 바라고 그것을 행동으로 옮기면 자기도 모르는 사이에 스스로 행복해진다고 한다. 보리심을 기르면 그에 대치(對峙)되는 나쁜 생각은 스스로 사라지고, 바른 사유의 바탕이 마련된다는 것이다.


## 3. 바른 말

바른 말[正語: right speech]이란 친절하고 개방적이며 진실한 말이다. 사람은 말을 하지 않고는 하루도 지내기 어렵다. 사람은 사회적 동물이라고 말하는데 그것은 사람이 다른 사람과 서로 어울려 산다는 뜻이다. 그런데, 다른 사람과 어울려 살기 위해서는 서로의 의사를 전달하는 수단으로 말을 하지 않을 수 없다. 그렇기 때문에, 앞에서 본 바른 사유는 바른 말의 바탕이 되는 것이다. 흔히 말을 마음의 거울이라고 하는 것은 말을 통해서 그 사람의 생각을 알 수 있기 때문이다. 그러므로 바른 말을 하기 위해서는 바른 사유가 전제되는 것임을 알아야 한다.

바른 말에 대하여 위에서 본 광설팔성도경에서는 이르기를 "어떤 것이 세속의 바른 말로서, 번뇌와 잡음이 있으되 좋은 세계로 향하는 것인가? 이른바, 그 바른 말은 거짓말, 두 말, 나쁜 말, 꾸밈말을 떠난 것이다. 이것이 이른바, 세속의 바른 말로서, 번뇌와 잡음이 있으되 좋은 세계로 향하는 것이다. 어떤 것이 세간을 뛰어난 성인의 바른 말로서, 번뇌와 잡음이 없고, 바로 괴로움을 없애어 괴로움의 끝으로 향하는 것인가? 거룩한 제자는 괴로움을 괴로움이라 생각하고, 모임, 사라짐, 길을 길이라 생각하여 삿된 생활인 입의 네 가지 행과 다른 여러 가지 입의 나쁜 행을 즐기기를 버리고, 그것을 멀리 떠나 번뇌가 없이 굳이 집착하여 쓰지 않고 거두어 가져 범하지 않되, 때를 지나지 않고 한계를 넘지 않는다. 이것이 세간을 뛰어난 성인의 바른 말로서, 번뇌와 잡음이 없고, 바로 괴로움을 없애어 괴로움의 끝으로 향하는 것이다."라고 하여 바른 말의 뜻을 분명히 하였다.

결국, 바른 말이란 기본적으로는 입으로 짓는 네 가지 행을 바르게 하는 것으로서, 그것은 십선(十善) 가운데 네 가지인 것이다. 거짓말[妄語], 이간질하는 말[兩舌], 꾸밈말[綺語]과 나쁜 말[惡語]은 모두 그러한 말을 하는 본인에게는 악업(惡業)으로 작용하지만, 그에 그치지 않고 그 말의 상대방이나 그러한 말을 듣는 사람을 불쾌하고 괴로움에 빠트리는 것이 보통이다. '말이 비수(匕首)를 품는다.'는 속담도 있지만, 말은 능히 사람을 죽일 수도 있는 위력을 가질 수 있다는 것을 알아야한다. 10여 년 전에 어떤 대통령의 사려 깊지 못한 말 한 마디로 그 상대방이 자살하는 비극이 있었음은 아직도 기억에 생생하다.

바른 말의 범주에는 적극적으로 말을 하는 것뿐만 아니라, 남의 말을 듣는 것도 포함된다. 남이 말을 하는 경우에는 성실하게 듣고, 바르게 반응할 줄 알아야 한다. 일방적으로 자기 말만 하고 남의 말을 들을 줄 모르면, 그것은 말의 상호교환성(相好交換性)을 어기는 것이 되어 상대방에게 괴로움을 줄 수 있다. 그러므로 말은 바르게 해야 하는 일 못지않게 성실하게 들을 줄 알아야 하며, 그러한 의미에서 말은 서로의 생각을 조화롭게 하는 매체(媒體)라고 할 수 있다. 우리는 의사소통이 잘되지 않는 경우에, 흔히 '대화가 단절되었다.'라고 말하는 것은 바로 그 때문이라고 할 수 있다.

바른 말과의 관계에서 볼 때, 현대사회는 많은 문제를 안고 있다고 할 수 있다. 통신기술의 발달은 때도 없이 각종 뉴스를 지구의 반대편까지 보내고 있지만, 개인 사이의 대화는 오히려 어려워지고 있는 실정이다. 더욱이,  오늘날 전 지구적으로 널리 보급되어 있는 스마트폰(smart-phone)은 심지어 옆 사람에게조차 관심을 두지 않고 각자의 손 안에 쥐어진 스마트폰에 눈이 팔려 있는 것이 보통이니, 대화를 통한 사람끼리의 관계가 소원(疏遠)할 것임은 당연한 일이다. 그러나 돌이켜 보건대, 문자의 사용조차 생활화되지 않았던 약 2,500년 전만 해도 사람 사이의 의사전달은 주로 입을 통해서 이루어졌다. 그렇기 때문에, 앞에서 설명한 바와 같이 바른 말은 입의 행(行)만을 가리켰던 것이 사실이다. 그러나 붓다께서 여덟 가지 바른 길의 하나로 '바른 말'을 가르치신 기본 뜻에 비추어 볼 때, 과학기술이 발달되고 문자의 사용이 생활화된 오늘날에는 말의 범주는 당연히 확대되어 모든 의사전달수단을 포함하는 것으로 보아야 할 것이다.

남의 몸에 위해(危害)를 끼치는 행위가 범죄라는 사실에는 모두가 수긍한다. 그러나 마음에 상처를 주는 행위가 문제라는 것에는 무심할 때가 많다. 당장 눈에 보이지 않기 때문에 남의 마음에 상처를 입히는 말을 함부로 하는 경우가 적지 않다. 특히, 직접 얼굴을 마주보고는 하지 못할 말도, 전화나 문자로는 서슴없이 할 수 있는 것이 사람의 심성(心性)이다. 교육부가 지난 8월에 발표한 2019년 제1차 학교폭력실태조사결과에 의하면 학교폭력의 피해 유형(類形)은 언어폭력이 35.6%, 집단따돌림이 23.2% 그리고 사이버(cyber) 괴롭힘이 8.9%의 순으로 많았음을 알 수 있어,[45] 언어와 사이버 방식의 폭력이 차지하는 비중이 크다는 것을 알 수 있다. 그러니, 전화나 문자에 의한 의사전달은 물론, 전파력(傳播力)이 큰 매스컴(masscom)이나 에스엔에스(SNS) 등 사회적 연결망(social-networking)을 활용하는 경우는 그 파급력(波及力)에 비추어 입에 의한 대화의 경우보다 훨씬 더 신중하게 생각하여야 함을 알 수 있다. 서로 얼굴을 맞대고 하는 말은 그 말로 표현되는 뜻을 보다 정확히 그리고 보다 쉽게 이해할 수 있다. 말하는 사람의 얼굴과 눈에 그 말의 진실성이 묻어나기 때문이다. 그래서 대화가 필요하다는 것이고, 진심어린 대화야말로 사람 사이의 관계를 조화롭게 풀 수 있는 효과적인 매체(媒體)인 것이다. 가정에서나 직장 등에서 진정어린 대화의 기회가 줄어가니 사회가 삭막해질 수밖에 없는 일이다.

---

**45** 동아일보 2019. 8. 28. A14.

## 4. 바른 행위

바른 행위[正業: right action]는 몸에 의한 행을 대상으로 하는 것으로서, 근본적으로 우리 생활의 모든 영역에서 요구되는 바른 행위를 말한다. 그것을 일반적으로 말한다면 도덕적이고 올바른 행동을 뜻하는 것으로서, 남을 살상(殺傷)한다거나, 물건을 훔치거나, 부정한 거래를 하거나, 적절하지 않은 이성 관계를 맺는 것과 같은 행위를 삼가 함은 물론, 남을 존중하고 남을 돕는 일을 즐겨 하는 것이라고 할 수 있다. 바른 행위를 정 '업'(正 '業')이라고 하는 것은 '업'이 행위를 뜻하는 것이기 때문이다.

사람의 생각을 밖으로 표출하는 형태는 입을 통한 말과 몸을 통한 행동의 두 가지이다. 여기에서의 바른 행위는 바로 몸을 통해서 표출된 생각이다. 아무런 생각도 없이 마음과 동떨어져 몸만으로 이루어진 행위란 무조건 반사(unconditional reflex)와 같은 예외적인 경우 외에는 없는 것이 원칙이다. 그렇기 때문에, 바른 행위는 항상 앞에서 본 바른 사유와 바른 소견을 바탕에 깔고 있는 것이다. 바른 행위에 관하여 앞에서 본 광설팔성도경에서는 이르기를 "어떤 것이 세속의 바른 행위로서, 번뇌와 잡음이 있으되 좋은 세계로 향하는 것인가? 살생과 도둑질과 사음(邪婬)을 떠난 것이니, 이것이 세속의 바른 행위로서 번뇌와 잡음이 있으되 좋은 세계로 향하는 것이다. 어떤 것이 세간을 뛰어난 성인의 바른 행위로서, 번뇌와 잡음이 없고 바로 괴로움을 없애어 괴로움의 끝으로 향하는 것인가? 거룩한 제자는 괴로움을 괴로움이라 색각하고, 모임, 사라짐, 길을 길이라 생각하여 삿된 생활인 몸의 세 가지 나쁜 행과 다른 여러 가지 나쁜 행을 즐기기를 버리고, 번뇌가 없어 즐겨 집착하여 굳이 행하지 않으며, 잡아 가져 범하지 않되 때를 지나지 않고 한계를 넘지 않는다. 이것이 이른바, 세간을 뛰어난 성인의 바른 행위로서, 번뇌와 잡음이 없고, 바로 괴로움을 없애어 괴로움의 끝으로 향하는 것이니라."라고 하여, 바른 행위란 몸으로 살생(殺生), 도둑질[偸盜]과 삿된 생활[46]을 하지 않는 것이라고 설명하였다. 위에서 본 가르침을 종합하여 본다면, 바른 행위는 십선(十善) 가운데 몸으로 하는 세 가지, 곧 불살생(不殺生), 불투도(不偸盜)와 불사음(不邪婬)을 비롯하여, 도박을 하거나 마약을 하는 등 몸으로 하는 삿된 행위를 멀리하는 것을 가리킨다고 하겠다.

바른 행위는 자기가 스스로 그러한 행위를 하는 것에 그치

---

46 여기에서 '삿된 생활'이란 삿된 성적 생활을 가리키는 것으로 본다.

지 않고, 남으로 하여금 잘못된 행위를 하도록 하거나, 간접적
으로 바르지 않은 행위를 하는 것도 멀리 하여야 하며, 한 걸
음 나아가 남도 바른 행위를 하도록 적극적으로 권하고 도와
야 한다. 오늘날 보는 바와 같이 조직화되고 전문화된 사회에
서는 올바르지 않은 행위는 자기가 스스로 하지 않고도 간접
적인 방법을 통하여 얼마든지 목적을 달성할 수 있다. 남을 시
켜서 살상을 한다거나, 부하로 하여금 남의 물건을 훔쳐오게
하거나, 많은 사람을 살상하고 시설을 파괴하는 것과 같은 테
러(terror)행위를 지원(支援)하는 것 등은 그 예이다. 그러므로 바
르지 않은 행위로부터 벗어난다는 것은 스스로 그러한 삿된
행위를 하지 않는 경우뿐만 아니라, 남을 시키거나 남이 하는
바르지 않은 행위를 돕는 것도 포함되는 것임을 알아야 한다.

사실, 우리는 매일의 삶을 이어가는 과정에서 의식적이든
무의식적이든 간에 많은 것을 죽이고 없애며 파괴하고 있다.
식탁에 고기를 올리기 위해서 수많은 동물이 죽어가고 있음
은 물론, 어업기술과 어구(漁具)의 발달로 연안어족(沿岸魚族)
을 싹쓸이 하고 있으며, 개발이라는 미명(美名)아래 수려한 산
하(山河)를 마구 파헤치고 헐어내고 있다. 이러한 행위가 자기
의 소행이 아니라고 해서 무관심하게 방관(傍觀)만 할 일이 아
니다. 고기를 비롯한 음식의 양을 줄이고, 자연훼손을 억제

하도록 노력하는 것은 바른 행위로 이끄는 지름길이라고 할 수 있다.

## 5. 바른 생활

바른 생활[正命: right livelihood]이란 한 마디로 남에게 해로움을 줄 위험이 있는 일로 생업(生業)을 삼지 않는 것을 말한다. 그러므로 바른 생활은 앞에서 본 바른 행위와 직접 관계되는 덕목이라고 할 수 있다. 바른 행위는 자연스럽게 바른 생활로 이어지기 때문이다. 우리 각자의 삶의 모습은 그의 마음을 가장 잘 반영한다. 그래서 사람은 그의 삶의 모습을 보면 그의 마음을 알 수 있다고 하는 것이다. 이기적이고 탐욕스런 생각을 하는 사람은 주변의 생각은 아랑곳하지 않고 자기만의 호사스런 생활을 즐기면서, 먹는 것을 가리지 않는다. 몸에 좋다면 개거나 뱀이거나 지렁이거나 할 것 없이 마구 먹어대고, 돈이 되는 일이라면 수단과 업종(業種)을 가리지 않고 달려든다. 그러한 사람일수록 욕심이 욕심을 낳아 늘 불만스럽고 괴로움에 허덕인다.

바른 생활에 관하여 위의 광설팔성도경에서는 이르되 "어떤 것이 세속의 바른 생활로서, 번뇌와 잡음이 있으되 좋은 세계로 향하는 것인가? 의복, 음식, 침구, 탕약을 법다이 구하고

133

법답지 않은 것이 아니니, 이것이 이른바, 세속의 바른 생활로서, 번뇌와 잡음이 있으되 좋은 세계로 향하는 것이다. 어떤 것이 세간을 뛰어난 성인의 바른 생활로서, 번뇌와 잡음이 없고, 바로 괴로움을 없애어 괴로움의 끝으로 향하는 것인가? 거룩한 제자는 괴로움을 괴로움이라 생각하고, 모임, 사라짐, 길을 길이라 생각하여, 모든 삿된 생활에 대하여 번뇌가 없어 즐겨 집착하여 굳이 행하지 않고, 잡아가져 범하지 않되, 때를 지나지 않고 한계를 넘지 않는다. 이것이 이른바, 세간의 뛰어난 성인의 바른 생활로서, 번뇌와 잡음이 없고, 바로 괴로움을 없애어 괴로움의 끝으로 향하는 것이니라."라고 하여, 바른 생활에 관한 포괄적인 설명을 하였다. 광설팔성도경에서 특히 의복, 음식, 침구와 탕약을 들어 그것을 법다이 구함을 말하고 있는 것은 의복, 음식, 침구와 탕약을 한정적으로 말하는 것이 아니라, 우리 생활에 필요한 모든 것 가운데 대표적인 것을 예시(例示)한 것이다. 곧, 의복, 음식과 침구는 우리 생활의 기본인 의식주(衣食住)를 뜻하는 것이고, 사람이 살아가는데 있어 병(病)은 피할 수 없는 일이기 때문에 병을 고치기 위한 약을 예로 든 것이다. 그러므로 바른 생활은 우리 생활의 모든 영역에 있어 소욕지족(少欲知足), 곧 욕심을 줄이고 만족할 줄 알며, 자비심을 길러 남을 돕고 해치지 않는 생활을 하도록 가르치신 것이다.

물론, 엄격히 본다면 우리의 삶 자체가 직접 간접으로 다른 것을 많이 해치고 있는 것이 사실이다. 우선, 사람이 살기 위해서 먹는 음식에는 다른 것의 생명과 관계되는 것이 많다. 그 뿐만 아니라, 생계를 유지하기 위해서 종사하는 직업에는 사람을 살상하는 무기나 탄약을 개발하고 만드는 일, 동물을 살생하는 도축업(屠畜業), 남을 속여 이익을 취하는 일 등, 헤아릴 수 없이 많은 일들이 바른 생활과는 거리가 먼 것들이다. 그렇다고, 일의 내용이나 성질을 가려 올바른 일에만 종사한다는 것은 현실적으로 매우 어려운 일이다. 세속의 법에 어긋나는 직업에 종사하는 것은 그 자체가 범죄를 구성하는 것이지만, 그렇지 않은 적법한 직업의 경우는 그 일에 종사하는 자세와 마음가짐이 중요하다고 하겠다. 곧, 무기공장이나 도축장에서 일을 함으로써 생계를 유지하되, 자비심을 기르고 항상 이타적(利他的)인 행위를 함으로써 자기가 저질은 행위에 대한 보상을 마음 속에서나마 모색(摸索)할 일이다.

## 6. 바른 방편

바른 방편[正方便: right effort]은 대승불교기(大乘佛教期)에 들어서면서 바른 정진[正精進]으로 불리고 오늘날은 그것이 일반화되었다. 원래, 방편(upaya)이란 적절한 방법을 가리킨다. 그래서, 법화경(法華經)의 서품(序品)에서는 방편이 완성되고 지견(知

135

見)이 완성되는 것이 붓다의 경지라고 규정하고 있으며, 화엄경(華嚴經)의 십지품(十地品)에서도 원바라밀(願波羅蜜)과 함께 방편바라밀(方便波羅蜜)이라는 덕목까지 설정하고 있음을 알 수 있다. 바른 방편이라고 하던 바른 정진이라고 하던, 내용적으로 보면 대동소이(大同小異)한 것이기 때문에, 여기에서는 오늘날 보통 이해하고 있는 바른 정진으로 설명하기로 한다. 바른 정진은 여덟 가지 바른 길의 실행을 이끌어가기 위해서 효과적인 방법을 강구하여 꾸준히 노력하는 정력을 말한다고 할 수 있다.

아무리 좋은 가르침이 있고, 또 그 가르침을 받아 실행하려고 하더라도, 그것을 반드시 실현시키고 말겠다는 굳은 의지력(意志力)이 없으면 중도에 좌절하거나 시간만 낭비하고 아무런 성과도 거두지 못한다. 그 뿐만 아니라, 좋은 가르침을 좇으려 하는 경우에도 그것을 실행하는 과정에는 적지 않은 장애가 앞을 가리는 수가 많다. 그렇기 때문에, 해롭고 건전하지 않은 생각이 생겨나는 것을 막고, 만일 좋지 않은 생각이 이미 생긴 경우에는 그것을 제거하기 위하여 노력하며, 건전하고 유익한 생각을 하도록 하고, 이미 바른 생각이 생긴 경우에는 그것을 오래 간직하도록 힘써야 함은 다시 말할 나위조차 없는 일이다.

네 가지 거룩한 진리와 여덟 가지 바른 길의 가르침을 실현하기 위해서는 꾸준한 바른 정진을 필요로 하는데, 그러한 정진은 사성제와 팔정도에 대한 굳은 믿음을 전제로 한다. 붓다께서 가르치신 사성제와 팔정도야말로 우리가 괴로움에서 벗어날 수 있는 참된 길이라는 확신을 가져야 한다는 것이다. 화엄경에서 이르기를 "믿음은 도의 근원이요, 공덕의 어머니이다."(信爲道元功德母)라고 했듯이, 참으로 맞는 말이다. 사성제와 팔정도는 붓다께서 괴로움의 늪에서 허덕이고 있는 중생들을 그 괴로움에서 벗어나게 하기 위해서 가르치신 진수(眞髓)라는 확신을 갖지 못하고, 이 사람이 이렇게 말하면 그 말이 옳은 것 같고, 저 사람이 저렇게 말하면 또 그것이 옳은 것 같아 여기 저기 기웃거리며 방황하면 귀한 시간만 낭비할 뿐 얻어지는 것은 하나도 없기 마련이다. 그러기에 바른 정진은 확신이라는 바탕위에서만 실행할 수 있다고 하는 것이다. 또, 바른 정진은 조급함을 버리고 꾸준히 지속해야 한다. 조금 노력하여 보아도 눈에 보이는 성과가 없으면 의심하고 중단해서는 처음부터 시작하지 않음만 못하다. 네 가지 거룩한 진리를 깊이 이해하고, 여덟 가지 바른 길을 열심히 실행한다고 해서 눈에 보이는 무엇이 생기는 것이 아니고, 겉으로 무엇이 달라지는 것도 아니다. 바른 정진의 결과, 마음이 안정되고, 사물을 바로 보아 차츰 괴로움에서 멀어질 뿐이다.

바른 정진에 관하여 위의 광설팔성도경에서는 이르기를 "어떤 것이 세속의 바른 방편으로서, 번뇌와 잡음이 있으되 좋은 세계로 향하는 것인가? 정진하고 방편으로 뛰어나기를 바라면서 굳게 서고, 만들고 정진하기를 능히 견뎌 마음과 법으로 거두어 잡아 언제나 쉬지 않는다. 이것이 이른바, 세속의 바른 방편으로서, 번뇌와 잡음이 있으되 좋은 세계로 향하는 것이다. 어떤 것이 세간을 뛰어난 성인의 바른 방편으로서, 번뇌와 잡음이 없고, 바로 괴로움을 없애어 괴로움의 끝으로 향하는 것인가? 거룩한 제자는 괴로움을 괴로움으로 생각하고, 모임, 사라짐, 길을 길이라 생각하여, 번뇌가 없는 생각과 서로 맞아 마음과 법으로 정진하고 방편으로 부지런히 뛰어나기를 바라면서 굳게 서고, 만들고 정진하기를 능히 견뎌, 마음과 법으로 거두어 잡아 언제나 쉬지 않는다. 이것이 이른바, 세간을 뛰어난 성인의 바른 방편으로서, 번뇌와 잡음이 없고, 바로 괴로움을 없애어 괴로움의 끝으로 향하는 것이니라."라고 하여, 바른 방편은 내용적으로 쉼이 없이 굳건히 노력하여 나아가는 것을 가리키는 것임을 밝혔다.

바른 정진은 바른 소견과 바른 사유를 바탕으로 네 가지 거룩한 진리에 대한 올바른 이해와 함께 하는 것이지, 맹목적으로 결가부좌(結跏趺坐)하고 앉아 시간만 보낸다고 되는 것이 아니다. 전해오는 중국 당나라 때의 이야기이다. 밥만 먹으면 선방(禪房)에 들어가 가부좌를 틀고 앉아 묵언(默言)으로 날을 새는 한 젊은 비구가 있었다. 그는 자기가 누구보다도 치열하게 정진하고 있음을 마음속으로 자부하면서, 그날도 다른 날과 같이 눈을 내려 깔고 결가부좌를 하고 있었다. 그 절의 노스님이 들어와 그 모습을 보고 물었다:

"너는 왜 그처럼 힘들게 앉아 있느냐?"

그러자, 그 젊은 비구는 대답하기를

"부처가 되려는 것입니다."라고 하였다.

그 대답을 들은 노스님은 밖에 나가 기왓장을 하나 들고 들어와 문지르기 시작하였다. 그 꼴을 보던 젊은 비구는 의아하여

"스승님! 지금 무엇하시는 것입니까?"라고 물었다.

노스님은 "나는 거울을 만들고 있다."라고 대답하였다.

그 소리를 들은 젊은 비구는 비웃듯이 말하기를

"스승님은 어떻게 기왓장으로 거울을 만든다고 하십니까?"라고 하자, 노스님은 조용히 대답하였다:

"너는 그렇게 멍청하게 앉아 있기만 하면서, 부처가 된다는 것인가?"

## 7. 바른 마음챙김

바른 마음챙김[正念: mindfulness]이란 쉽게 흐트러지지 않도록 주의 깊게 집중된 마음으로 특정한 관점(觀點)에 대하여 관찰하는 것을 말한다. 그러한 뜻에서 흔히 관(觀)이라고도 한다. 다시 말하면, '나'라거나, '마음' 또는 '공'(空)이나 '존재' 등에 관해서 성실하고 주의 깊게 관찰하여 직관(直觀: intuition)을 이끌어내는 것을 말한다. 그런데, 오늘날의 생활환경과 같이 주의를 분산시키기 쉽고, 빨리 빨리에 쫓기며 혼란스런 상태에 둘러싸여 생활하고 있는 사람의 입장에서는 매순간 올바로 마음을 챙긴다는 것이 여간 어려운 일이 아니다. 현대인은 끊임없이 흘러나오는 뉴스, 알기조차 힘들게 많은 광고, 때와 장소를 가리지 않고 울리는 휴대전화 소리 등으로 자기가 진정으로 무엇을 하고 있는지조차 알기 어려운 상태가 되고 있다. 특히, 급속도로 발달되고 있는 인터넷(internet)이라던가 스마트폰(smart-phone)의 생활화로 우리는 기구(器具)를 쓴다기보다도 오히려 각종 기구에 쓰임을 당하고 있는 실정으로 전락하였다고 해도 과언(過言)이 아닐 정도이니, 매순간 집중하여 그 순간의 상태를 있는 그대로 들여다본다는 것이 여간 어려운 일이 아니다.

붓다께서 펴신 여덟 가지 바른 길의 가르침 가운데 핵심이라고 할 수 있는 것이 바른 마음챙김이라고 할 수 있다. 우리는 항상 무엇인가에 주의를 기울이지만, 어떤 것은 현재의 순간에 머물러 있는 것인가 하면, 어떤 것은 현재와는 동떨어진 곳을 헤매고 있는 경우가 많다. 바른 마음 챙김은 특정한 사안의 현재 이 순간, 바로 여기에서의 상태를 분별없이 깊이 살펴보는 것이다. 그렇기 때문에, 바른 마음챙김을 위해서는 계속해서 순간순간의 상태를 깊이 관찰해야 한다. 엄격히 말할 때, 마음챙김을 뜻하는 범어(梵語)인 'sati'란 바로 이 순간의 마음을 관찰하는 것이다.

바른 마음챙김에 관하여 위의 광설팔성도경에서 이르기를 "어떤 것이 바른 마음챙김으로서, 번뇌와 잡음이 있으되 좋은 세계로 향하는 것인가? 만일, 생각을 따르고 생각을 소중히 알며 생각을 기억하되, 망녕되지 않고 헛되지 않으면 이것이 이른바, 세속의 바른 생각으로서, 번뇌와 잡음이 있으되 좋은 세계로 향하는 것이다. 어떤 것이 세간을 뛰어난 성인의 바른 생각으로서, 번뇌와 잡음이 없어 괴로움의 끝으로 향하는 것인가? 거룩한 제자는 괴로움을 괴로움으로 생각하고, 모임, 사라짐, 길을 길이라 생각하여, 번뇌 없는 생각과 서로 맞고, 생각을 따르고 생각을 소중히 알며 생각을 기억하되, 망녕되지 않고 헛되지 않으면 이것이 이른바, 세간을 뛰어난 성인의

141

바른 생각으로서, 번뇌와 잡음이 없이 괴로움의 끝으로 향하는 것이라 하니라."라고 하여, 마음의 움직임을 깊이 관찰하도록 하였다.

근래에 좌선(坐禪)과의 관계에서 비파샤나(vipashyana)가 자주 입에 오르내리지만, 비파샤나라는 것은 한 마디로 말하여 깊이 챙겨 관찰한다는 뜻이다. 만일, 사람이 무엇인가를 뚫어지게 깊이 새겨보면 그 겉모습 너머를 볼 수 있고, 그곳은 바로 본령(本領)인 것이다. 우리가 수박을 그냥 쳐다보면 녹색바탕에 거무스름한 줄이 가 있는 둥근 것으로 보이지만, 그것을 좀 더 깊이 파고 들어가 챙겨본다면 붉은 속에 검은 씨앗이 총총히 박혀 있음을 알 수 있다. 그처럼, 정신을 차려 매 순간의 마음이나 상태를 깊이 관찰하여 챙겨보는 것이 바른 마음챙김인 것이다.

붓다께서는 바른 마음챙김을 위해서는 사념처(四念處)를 바로 보아 제대로 관찰하여 방일하지 않음으로써 바른 소견과 바른 사유로 마음을 고요히 머물도록 하라고 이르셨는 바, 사념처의 네 곳은 곧, 몸, 느낌, 마음과 법이다. 이 네 가지 생각하는 곳은 곧 사람이 머무는 바탕이다. 따라서 이 네 곳을 뚫어지게 관찰하여 그 참 모습을 알아야 하고, 그것을 알면 우리는 괴로움에서 벗어날 수 있다는 것이다. 사실, 사람들의 근심이나 갖가지 어려움은 사람이 사물의 실상을 제대로 보지 못한 데에서 오는 것이 보통이다. 곧, 우리는 사물의 겉모습 너머는 말할 것도 없고, 겉모습이라는 것도 한쪽만 볼 뿐 겉모습 너머의 본질이나 반대편은 보지 못한다. 모든 것은 본래부터 그 자체의 고유한 실체(實體)가 있는 것이 아니어서, 생겨난 것은 반드시 변하고 사라지는 것이라는 본질을 모르기 때문에, 늙고 병들며 죽는데 대해서 괴로워하는 것이다. 만일, 우리가 사물에 대하여 심사숙고(深思熟考)하고 깊이 관찰한다면, 우리는 무명에서 벗어나고, 두려움과 불안을 극복할 수 있다. 바른 마음챙김을 강조하는 까닭도 여기에 있다.

## 8. 바른 선정

바른 선정[正定: right contemplation]은 한 곳에 집중된 고요한 마음의 상태를 말한다. 사람의 일상적인 생각이란 물거품 같은 것이어서, 생겨났는가 하면 사라지고, 사라졌는가 하면 또 생겨나기를 종잡을 수 없이 반복하기를 뜬 구름을 능가하고도 남음이 있을 것이다. 그 생각이라는 것은 과거, 미래, 현재를 거리낌 없이 내왕하는가 하면, 그 내용도 엉뚱하기 짝이 없는 경우가 많다. 그러자니, 사람의 마음은 잠시도 편하지 않고, 늘 들떠 있다. 들떠 있는 상태에서 되는 일은 아무 것도 없다. 나무도 뿌리를 땅속에 깊숙이 내려야 큰 바람에도 흔들림 없이 자라고, 건물이나 다른 시설물도 기초가 단단해야 오래 견디는 것처럼, 사람의 마음도 들뜸이 없이 고요하고 안정됨을 유지해야 한다. 그래서 선정(samadhi)에 드는 것을 위의 마음챙김을 관(觀)이라고 하는 것과 연결지어 말할 때 '그친다' [止]고 하는 것이다. 이 생각 저 생각하며 돌아다니는 것을 그치고 고요하게 머문다는 뜻이다.

바른 선정에 관하여 위의 광설팔성도경에서는 가르치되 "어떤 것이 세속의 바른 선정으로서, 번뇌와 잡음이 있으되 좋은 세계로 향하는 것인가? 만일, 마음이 어지럽지 않고 움직이지 않는데 머물러 거두어 잡아 고요히 그치고 삼매(三昧)에 들어 한 마음이 되면 이것이 이른바, 세속의 바른 선정으로서, 번뇌와 잡음이 있으되 좋은 세계로 향하는 것이다. 어떤 것이 세간을 뛰어난 성인의 바른 선정으로서, 번뇌와 잡음이 없고, 바로 괴로움을 없애어 괴로움의 끝으로 향하는 것인가? 거룩한 제자는 괴로움을 괴로움이라 생각하고, 모임, 사라짐, 길을 길이라 생각하여, 번뇌가 없는 생각과 서로 맞아 마음과 법으로 어지럽거나 흩어지지 않는데 머물러 거두어 잡아 고요히 그치고 삼매에 들어 한 마음이 된다. 이것이 이른바, 세간을 뛰어난 성인의 바른 선정으로서, 번뇌와 잡음이 없고, 바

로 괴로움을 없애어 괴로움의 끝으로 향하는 것이니라."라고
하여, 바른 선정의 요점은 마음이 어지럽지 않고 고요히 그쳐
삼매에 드는 것이라고 설명하였다.

바른 선정을 실행한다는 것은 매순간을 바르게 알아차려
자기 것으로 하는 것이다. 우리의 일상적인 삶을 들여다보면
무엇을 위한 누구의 삶인지 조차 분명하지 않은 경우가 많은
것이 사실이다. 우리는 지금 내가 무엇을 하고 있는지? 내가
참으로 하려는 일이 무엇인지? '나' 라는 것은 과연 무엇인지?
등에 관하여 마음을 집중하고 살펴보는 일이 과연 얼마나 자
주 있는지를 생각해 본다면 놀랄 정도로 무관심하고 판에 박
힌 생활을 반복하고 있음을 알 수 있을 것이다. 아무 데에도
뿌리를 내리지 못한 채 물결에 흔들려 이리저리 떠다니는 부
평초(浮萍草)와 크게 다를 것이 없다. 그래서, 흔들리지 않도록
확고히 뿌리를 내리고 고요한 마음의 상태를 유지하도록 하
라는 것이다.

앞에서 바른 마음챙김을 보았지만, 마음챙김과 선정은 따
로 떨어진 것이라기보다는 서로 불가분(不可分)의 보완적(補完
的)인 관계에 있다. 바른 마음챙김은 바른 선정을 전제로 하는
가 하면, 바른 마음챙김이 뒤따르지 않는 바른 선정은 기대하

145

기 어려울 뿐만 아니라 행방(行方)이 없는 길손과 같다고 할 수 있다. 삼매(samadha)와 비파샤나(vipashyana)를 불가분의 일체로 보는 이유도 바로 여기에 있다. 인도에서 알게 된 한 요기(Yogy)가 저자에게 말하기를 "깊이 집중하면 순간에 몰입(沒入)하게 될 것이고, 그러면 당신이 곧 순간이 된다."라고 말한 것을 기억한다. 그래서 종종 삼매를 몰입(absorption)으로 번역하기도 한다. 흔히 선정이라고 하면 좌선(坐禪), 곧 가부좌를 하고 앉아서 하는 것을 연상하지만, 자세나 때와 장소를 가리지 않고 선정에 들 수 있는 것이다. 행주좌와(行住坐臥), 곧 걷거나 머물거나 앉거나 눕거나를 가릴 것이 없다. 다만, 가장 보편적으로 행하여지는 방법이 좌선일 뿐이다.

# Ⅲ 팔정도와 육바라밀

사성제, 곧 네 가지 거룩한 진리는 위에서 살펴본 바와 같이 붓다께서 성불하신 뒤 처음 설법에서 가르친 것으로, 45년에 걸친 붓다의 중생교화에서 가장 중점적으로 다루신 내용일 뿐만 아니라, 붓다께서 반열반에 드시기에 앞서 바라문 장로(長老)인 수발다라(須跋多羅)에게 설법하신 내용이기도 하다. 그렇기 때문에, 붓다의 재세당시(在世當時)의 제자인 성문(聲聞)[47]들은 당연히 사성제를 수행의 지침으로 삼았고, 네 가지 거룩한 진리의 마지막 단계인 괴로움이 사라지는 길의 거룩한 진리[苦滅道聖諦]의 내용인 팔정도, 곧 여덟 가지 바른 길이 그들의 수행덕목(修行德目)이 되었음은 짐작하고도 남음이 있다.

이에 대하여, 붓다의 반열반(般涅槃)으로 인하여 직접 사사(師事)하거나 숭배의 대상으로 모실 붓다에 대한 상실감(喪失感), 상좌부(上座部)의 재가신도에 대한 발호(跋扈) 및 탑사(塔事)의 증가로 인한 비용증가 등에 자극된 대승운동(大乘運動)이 전

---

**47** 성문(聲聞)이란 붓다의 가르침을 바탕으로 수행에 전념하는 비구승(比丘僧)을 가리킨다.

개되었음은 널리 알려진 사실이다. 그 결과, 기원전 약 1세기 경부터 찬술(撰述)되어 나오기 시작한 대승경전(大乘經典), 특히 반야부경(般若部經)은 '대승'(大乘: mahayana)이라는 말과 함께 '보살'(菩提薩埵: bodhisattva)이라는 용어를 등장시켰다. 원래, '보살'은 석가세존(釋迦世尊)의 전세를 나타내는 말로 본생경 (本生經: Jataka)에서 쓰인 용어인데, 그것이 대승불교[48]에서 표 방하는 사람을 나타내는 말로 활용되게 된 셈이다. 여기에서 '보살'이란 재가(在家)나 출가(出家)를 가릴 것 없이 대승법(大乘 法)을 수행하는 이를 총칭하는 것이 보통이나, 구체적으로 말 한다면 발심(發心)하고 불문(佛門)에 들어 사홍서원(四弘誓願)을 내고 육바라밀을 닦음으로써 위로는 보리(菩提)를 구하고 아래 로는 중생을 교화하는 자리이타(自利利他)의 행을 닦는 사람을 가리킨다. 그러므로 보살은 반야바라밀(般若波羅蜜)의 성취, 곧 지혜의 완성을 지향하는 것이어서 당연히 그를 위한 수행덕 목이 요구되는 것이고, 그 수행덕목으로 설정한 것이 바로 다 섯 바라밀이라고 할 수 있다. 다시 말하면, 반야바라밀의 성취

---

**48** '대승불교'라는 표현 속에는 그에 상대되는 '소승불교'를 전제로 하고, 그것은 다분히 '소승'을 폄하(貶下)하는 의도를 엿보이는바, 스리랑카, 미얀마나 태국 등 이른바 남방불교국가에서는 '소승'이라는 용어를 쓰지 않는다. 1957년에 있은 세계불교도회의에서는 '소승'이라는 용어를 쓰지 않고 상좌부불교(Theravada Buddhism)라는 용어를 쓰기로 결의 하였다.

는 보시바라밀(布施波羅蜜), 지계바라밀(持戒波羅蜜), 인욕바라밀
(忍辱波羅蜜), 정진바라밀(精進波羅蜜)과 선정바라밀(禪定波羅蜜)의
다섯 가지 바라밀의 완성을 종합하는 기능을 함과 동시에, 다
섯 바라밀의 완성으로 반야바라밀, 곧 지혜의 완성에 이끄는
상보적(相補的)인 구실을 한다고 할 수 있다.

위에서 간단히 살펴본 바와 같이 팔정도, 곧 여덟 가지 바
른 길은 붓다의 재세당시(在世當時)의 비구(比丘)들, 곧 성문(聲聞)
의 주된 수행덕목이었는데 대하여, 육바라밀은 이른바, 대승
불교에 들어서의 보살의 수행덕목이라고 할 수 있다. 법화경
(法華經)의 제3. 비유품(譬喩品)에서 불난 집[火宅]에 갇힌 아이들
을 빨리 나오도록 하기 위하여 아이들에게 제시한 삼차(三車),
곧 양이 끄는 수레[羊車], 사슴이 끄는 수레[鹿車]와 소가 끄는
수레[牛車]를 각각 성문, 연각과 보살에 비유하면서, 성문은 사
성제를, 연각(緣覺)은 연기법을, 그리고 보살은 육바라밀을 바
탕으로 하여 수행함을 밝힌 예를 찾아볼 수 있다. 그러나 팔정
도와 육바라밀은 깊이 새겨본다면 같은 뿌리에서 돋아난 다
른 가지에 불과하다고 할 수 있다. 바꾸어 말하면, 위의 두 수
행덕목들은 근본적으로 크게 다를 것이 없는 내용의 것임을
알 수 있다. 여기에 팔정도와 육바라밀의 내용을 비교해 본다
면, 팔정도 가운데 바른 말[正語], 바른 행위[正業]와 바른 생활

[正命]은 지계바라밀과 직접 통하고, 바른 정진[正精進]은 정진바라밀과 그리고 바른 선정[正定]은 선정바라밀과 상통하며, 인욕바라밀은 바른 생각[正思惟]과, 반야바라밀은 바른 소견[正見] 및 바른 마음챙김[正念]과 연관(聯關)됨을 알 수 있고, 보시바라밀은 주로 바른 말, 바른 행위 및 바른 생활과 통하는 것이라고 할 수 있다. 이와 같이 볼 때, 양자(兩者)는 표현이 다를 뿐 대동소이(大同小異)한 내용이라고 할 수 있다. 다만, 팔정도는 '바른'[正], 곧 행할 것의 '정당성'에 중점이 주어진데 대하여, 육바라밀의 경우는 행할 것의 '실현', 곧 성취(成就)[49]를 중요시한 차이를 엿볼 수 있는 정도 이다.

---

**49** 바라밀(波羅蜜)은 paramita라는 범어를 음역(音譯)한 것인바, 그것은 '건너다', '성취하다', 또는 '완성하다'라는 뜻을 갖는데, '피안(彼岸)으로 건너다', 곧 도피안(到彼岸)의 뜻으로 쓰이는 경우가 많다. 그러나 육바라밀의 경우의 '바라밀'은 '성취'의 뜻으로 보는 것이 문맥(文脈)에 비추어 타당하다고 본다.

제 **4** 장

후기경에서 보는 사성제

# I 처음에

사성제, 곧 네 가지 거룩한 진리는 붓다의 초전법륜을 통한 가르침을 시작으로 반열반에 드실 때까지의 45년에 걸친 중생제도(衆生濟度)에 있어 한결같이 강조하신 가르침이다. 이것은 아함경(阿含經) 가운데 무려 60여 종에 이르는 경이 사성제와 연관되는 것이라는 점에서도 쉽사리 알 수 있다. 그런데, 사성제의 가르침은 후기경인 대승경전에도 자주 등장하여 그 중요성이 강조되고 있음을 알 수 있지만, 특히 대승경전의 백미(白眉)로 꼽히는 화엄경(華嚴經)과 열반경(涅槃經)은 따로 사성제품(四聖諦品)이라는 명칭의 품을 두어 중점적으로 다루기까지 하였음을 알 수 있다.

여기에서 화엄경과 열반경의 사제품 등에서 다룬 사성제에 관하여 간단히 살펴보는 것은 사성제에 대한 이해를 넓히는 데 도움이 되리라 믿는다.

# II 화엄경상의 사성제

## 1. 처음에

화엄경의 제2. 보광명전설(普光明殿說) 가운데 8. 사성제품(四聖諦品)은 사성제에 관하여 다룬 품이다. 설처(說處)인 보광명전은 붓다께서 성불하신 보드가야(Bodhgaya)의 보리수 위치에서 니련선하(尼連禪河: Nairanjananati)를 따라 남쪽으로 약 1.5km 떨어진 곳에 있었던 정사(精舍)였다고 하나, 지금은 그 자취조차 찾아볼 수 없다. 이 사성제품은 문수사리보살이 여러 보살을 대상으로 설명한 내용이다.

화엄경의 사성제품에서 설명한 사성제는 앞에서 살펴본 붓다 재세 당시의 사성제와는 다른 관점에서 본 사성제임을 유의할 필요가 있다. 위에서 지적했듯이 법화경을 보면 성문(聲聞)을 위해서는 사성제를 가르치고, 연각(緣覺)을 위하여는 12인연(因緣)을 설하며, 보살(菩薩)을 위하여는 육바라밀(六波羅蜜)을 설한다는 부분이 눈에 띄지만, 사람은 그 근기(根機)의 승열(勝劣)과 추구하는 바에 따라서 이해하는 바에 서로 다름이 있는 것이 사실이다. 그렇기 때문에 사성제의 구체적인 내용도 중생의 근기와 욕망에 따라 시방세계(十方世界)에서 각각 다르게 나타남을 보인 것이 바로 화엄경에서의 사성제임을 알 수 있다. 그러나 붓다의 말씀을 통하여 구체적인 방향과 처소에 따라 기술적으로 달리 표현된 설법이 사성제의 기본을 벗어나는 것이 아님은 물론이다.

## 2. 사바세계의 사성제

사바세계(娑婆世界: sabhaloka-dhatu)란 우리들 중생이 모여 생(生)을 영위하는 시공간(時空間)으로서, 시간적으로 삼세를 통하여 변화하고 파괴되며, 공간적으로 피차(彼此)나 방위(方位) 등이 정해져 있어 뒤섞이지 않고, 생물들이 의지하여 사는 곳을 가리키는 것이 보통이다. 보살이 중생을 교화하고 제도하기 위하여 괴로움을 견디어 받는 세계라고 하여 감인세계(堪忍世界)라고도 한다.

사성제는 이 사바세계에 중생의 모습으로 태어나신 싯달타 왕자가 이 세상 사람들은 너 나 할 것 없이 생로병사(生老病死)를 비롯한 팔고(八苦)에 시달리고 있음을 보고, 괴로움의 원인과 그 괴로움으로부터 벗어날 수 있는 길을 모색(摸索)하기 위하여 눈앞의 모든 부귀영화와 부왕(父王)을 이을 왕위(王位)까지 헌신짝처럼 버리고 출가(出家)의 길에 들어 6년간에 이르는 상상을 초월하는 고행(苦行) 끝에 이른바, 보리수 밑의 성불(成佛)을 이루신 것과 직결되는 것임은 위에서 설명한 바와 같다.

출가의 동기와도 직결되는 일이지만, 성불하신 뒤에 처음으로 행하신 설법, 곧 초전법륜(初轉法輪)의 주된 내용이 사성제였음은 널리 알려진 일이지만, 그 설법의 주된 내용인 사성제는 바로 이 사바세계의 중생을 염두(念頭)에 두신 것임은 다시 말할 나위조차 없는 일이다. 구태여 말한다면, 사바세계의 사성제라고 할 수 있다. 그런 까닭이기도 하겠지만, 화엄경에서 다룬 사바세계의 사성제는 앞에서 살펴본 사성제의 내용과 크게 다르지 않음을 알 수 있다.

## 3. 시방세계의 사성제

시방세계(十方世界)란 동서남북과 사유(四維) 및 상하(上下)를 합친 열 곳의 세계, 곧 우리가 살고 있는 이 사바세계를 둘러싸고 있는 모든 세계를 말한다. 화엄경에서 '법계와 허공계가 다하는 세계' (盡法界虛空界所有世界)라고 말하고 있음에 비추어, 그것은 중중무애(重重無礙)한 화엄법계 가운데 사법계(事法界), 곧 현상세계를 모두 가리키는 것으로 볼 수 있다.

화엄경이 사성제의 구체적인 내용을 달리 하는 시방의 세계로 들고 있는 것을 보면, 밀훈세계(密訓世界), 최승세계(最勝世界), 이구세계(離垢世界), 풍일세계(豊溢世界), 섭취세계(攝取世界), 요익세계(饒益世界), 선소세계(鮮少世界), 환희세계(歡喜世界), 관약

세계(關鑰世界)와 진음세계(振音世界)의 열 곳이다. 이들 시방세계에도 각기의 세계에서 삶을 누리고 있는 중생들의 기량(器量)에 따르는 사성제의 가르침이 있다는 것이니, 사성제, 곧 네 가지 거룩한 진리야말로 우주적인 진리의 가르침임을 알 수 있다. 이통현장자(李通玄長者)가 "사성제품은 사성제인 고집 멸도(苦集滅道)가 그 근기와 욕망에 따라 시방세계에서 모두 같지 않음을 밝힌 것이며, 법문(法門)도 근기에 따라 두루 같지 않지만, 사성제를 여의지 않음을 밝힌 것이다."(四諦品 明四諦苦集滅道 隨其根欲十方皆悉不同, 明法門不同隨根偏周 不離四諦)[50]라고 하여, "부처님이 시방세계에서 설한 법문이 진성에 칭합하고 근기에 응하는데 명자(名字)는 각각 같지 않지만 모두 사성제로 근본이 됨을 보인 것이다."라고 한 것도 같은 뜻이라고 하겠다.

위에서 본 바와 같은 시방의 세계에서 볼 수 있는 사성제의 구체적인 내용은 각 세계마다 제각기 다르나, 사성제의 네 가지 구성, 곧 고(苦), 집(集), 멸(滅) 및 도(道)에는 아무런 차이가 없다. 그러므로 사성제라고 하는 것이다. 이들 시방세계의 사성제의 내용을 낱낱이 모두 설명하는 것은 큰 의미가 없으므로, 여기에서는 참고로 최승세계의 사성제만을 요약하여 살

---

**50** 이통현, 약설 신화엄경론, 1999, p. 57, 61.

펴보기로 한다.

　최승세계에서는 고성제(苦聖諦)를 공포(恐怖), 가염오(可厭惡) 또는 유세력(有勢力) 등이라고 한다는 것이다. 공포는 두려움을 말하고, 가염오란 싫어함을 말하니 괴로움과 통하는 말이다. 여기에서 유세력이란 생로병사(生老病死)의 거역할 수 없는 힘이 닥쳐옴으로써 어찌할 수 없음을 말한다. 결국, 표현만 다를 뿐이지 모두 괴로움[苦]으로 통하는 것임은 마찬가지라고 하겠다. 다음으로, 고집성제(苦集聖諦)는 치근(癡根), 증흑암(增黑暗) 또는 비기물(非己物)이라 하니, 치근은 어리석은 근기를 말하고, 증흑암이란 어둠이 더하여 감을 말하니, 괴로움의 원인이 될 만한 일이다. 나아가, 비기물이란 자기의 본래의 성품은 깨끗한 것이어서 괴로움을 불러오는 것은 자기 본연(本然)의 것이 아님을 말한다. 고멸성제(苦滅聖諦)를 저 최승세계에서는 이분별(離分別), 무위(無爲) 또는 의중의(義中義)라고 한다. 여기에서 이분별은 문자 그대로 분별을 여의는 것이며, 무위 역시 함이 없는 것, 곧 자연의 이치를 도외시하고 인위적(人爲的)으로 하려 하지 않는 것이며, 의중의는 사선(事善)을 통하여 멸(滅)의 이치를 부각시키는 것을 가리키는 것이어서, 모두 고멸성제와 상통하는 것임을 알 수 있다. 끝으로, 고멸도성제(苦滅道聖諦)는 심방편(深方便), 출리(出離) 또는 능소연(能燒然)이라 하는 바, 먼저 심방편이란 괴로움을 사라지게 하기 위한 깊은 방편을 말하고, 출리는 세속을 떠나 수행의 길로 들어감을 말하며, 능소연이란 지혜의 불로 번뇌를 불사르는 것을 가리키는 것이어서, 이들이 모두 고멸도성제로 통하는 것임을 알 수 있다.


## III  열반경상의 사성제

### 1. 처음에

열반경, 곧 남본(南本)인 대반열반경(大般涅槃經)은 반열반이 임박하신 붓다께서 쿠시나가라(Kusinagara)의 희라바티 강가에 있는 사라(娑羅)나무 숲의 쌍수(雙樹) 사이에서 무수한 사부대중과 천신(天神) 등을 상대로 설법하신 유교적(遺教的)인 내용의 경이다. 이 열반경은 35권 25품[51]으로 구성되어 있는데, 그 가운데 제10. 사제품(四諦品)과 제19의 1과 2인 성행품(聖行品)의 상품(上品)과 중품(中品)이 사성제에 관하여 설한 부분이며, 가섭보살[52]을 비롯한 여러 보살을 앞에 놓고 설하셨다.

---

**51** 형식적으로는 25품이나, 한 품이 내용적으로는 여러 품인 경우가 많아 사실상 46품이라고 할 수 있다.
**52** 여기에서의 가섭보살은 마하가섭존자와는 다른 분으로, 장자의 아들인 가섭동자(迦葉童子)를 가리킨다.

## 2. 사제품에서의 사성제

열반경의 사제품은 사성제의 내용에 대한 설명이라기보다는, 사성제를 구현(具顯)하는 방편을 제시한 것이라고 할 수 있다. 곧, 괴로움의 거룩한 진리란 괴로움 자체를 가리키는 것이 아니라고 하시면서, 여래의 경계는 상주불변(常住不變)의 법신(法身)임을 알아야 비로소 괴로움의 거룩한 진리[苦聖諦]를 제대로 알고 익힘이 된다고 하셨다. 또, 괴로움의 모임인 거룩한 진리[苦集聖諦]를 이루려면 정법(正法)을 지켜 지니면서 불법은 상주불변의 진리임을 요지(了知)하여야 하고, 그와 같이 닦아 익힐 수 없다면 이는 단순히 괴로움의 모임에 그치고 모임의 거룩한 진리일 수 없다고 한다. 나아가, 괴로움의 사라짐의 거룩한 진리[苦滅聖諦]를 제대로 알려면 모든 집착을 버리고 발심(發心)하여 여래의 비밀스런 법장(法藏)을 요지할 일이라고 한다. 끝으로, 괴로움이 사라지는 길의 거룩한 진리[苦滅道聖諦]를 닦아 익히려면 발심하여 불, 법, 승의 삼보(三寶)와 해탈은 항상 머물러 변하지 않는 것임을 요지(了知)하여야 함을 강조하신 내용이다.

## 3. 성행품에서의 사성제

성행품은 상, 중, 하의 3품으로 이루어진 비교적 긴 내용의 품이다. 붓다께서는 가섭보살에게 이르시되 보살이 마음을 오롯이 하여 닦아 익힐 다섯 가지 행[五行]이 있는데, 그것은 성행(聖行), 법행(梵行), 천행(天行), 영아행(嬰兒行) 및 병행(病行)임을 말씀하신 다음, 먼저 성행에 관하여 다루셨다. 성행품의 상품과 중품에서는 사성제의 내용을 구체적으로 설명하시고, 하품에서는 삼법인(三法印)과 전법륜(轉法輪)을 설명하신 다음, 나찰(羅刹)의 생멸법(生滅法)에 관한 게송에 관하여 말씀하신 내용으로 이루어져 있다.

성행품의 상품에서는 사성제 가운데 먼저 고성제(苦聖諦)의 내용인 괴로움을 구체적으로 설명하였다. 곧, 괴로움은 태어남[生], 늙음[老], 병듦[病] 및 죽음[死]과 사랑하는 이와 떨어지는 괴로움[愛別離苦], 원수와 만나는 괴로움[怨憎會苦], 구하되 얻지 못하는 괴로움[求不得苦]과 오온(五蘊)이 치성한 괴로움[五盛陰苦]의 여덟 가지 괴로움[八苦]을 가리키는 것이라고 하시면서, 낮은 괴로움 속에서도 즐거움이 생길 수 있으나, 그것은 허망하게 일시적으로 생긴 즐거움에 불과하여 모든 것은 모두 괴로움[一切皆苦]이라는 것이다.

성행품의 중품은 상품에 이어 사성제 가운데 위에서 설명한 '괴로움'을 제외한 나머지, 곧 괴로움의 모임의 거룩한 진리, 괴로움의 사라짐의 거룩한 진리와 괴로움이 사라지는 길의 거룩한 진리에 관한 설법이다. 먼저, 괴로움이 모인다는 것은 오관(五官)을 인연으로 존재에 대한 사랑, 곧 애착이 돌아오는 것인데, 그 인연을 기준으로 본다면 업(業)을 인연으로 한 애착, 번뇌를 인연으로 한 애착 및 괴로움이 인연이 된 애착으로 구분할 수 있다고 한다. 다음으로, 괴로움의 사라짐의 거룩한 진리는 모든 번뇌를 끊어 없애는 진리를 말하는 것으로, 번뇌가 다하면 항상[常]함이요 즐거움[樂]이고 적멸함이 된다고 한다. 끝으로, 괴로움이 사라지는 길의 거룩한 진리는 마치 등불로 인하여 어둠 속에서도 모든 것을 제대로 볼 수 있듯이, 팔정도야말로 괴로움을 없애는 도(道)의 거룩한 진리임을 강조하였다.

결국, 성행품에서의 사성제에 관한 말씀은 사성제에 관한 본래적인 가르침을 전제로, 괴로움과 괴로움의 모임을 구체적으로 설명한 다음, 괴로움의 사라짐과 괴로움을 없애는 길의 효과를 밝힘으로써, 반열반을 눈앞에 두시고 사성제의 가르침의 중요성을 다시 강조하신 것이라고 하겠다.

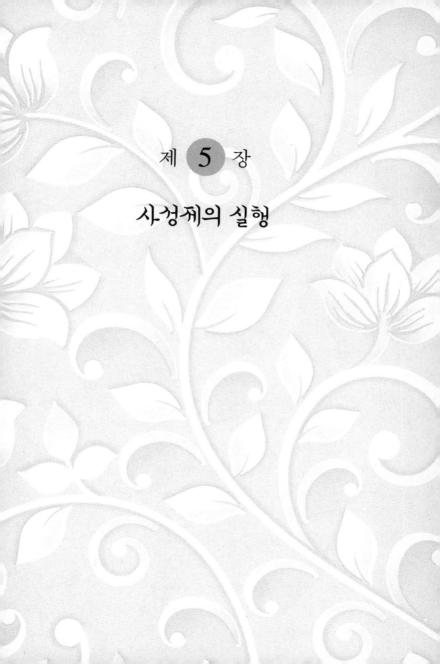

제 5 장

사성제의 실행

# I 처음에

위에서 괴로움을 벗어날 붓다의 값진 가르침을 살펴보았거니와, 문제는 붓다의 가르침을 올바르게 이해하여 실행하는데 있다. 아무리 좋은 가르침이 있다고 해도 그 가르침을 실행하지 않으면 아무 의미도 없다. 마치 병이 중한 환자가 명의(名醫)의 처방으로 좋은 약을 받았다고 하더라도, 환자가 그 약을 먹지 않는다면 아무런 효과가 있을 수 없고, 병이 나을 수 없음은 당연한 일이다. 괴로움을 없애기 위해서 우리가 갈 길을 붓다께서 자세히 제시해 주셨으니, 그 길을 갈 것인지의 여부를 정하고, 실지로 그 길을 갈 사람은 바로 우리 스스로인 것이다. 신(神)의 존재와 오직 그 신만이 우리를 구원할 수 있다고 믿는 종교와 다른 점이다.

사람들은 잠깐의 즐거움이나 기쁨만 있어도 그것이 영원히 지속될 줄 알고 그에 매달리는 어리석음을 저지르는 수가 많다. 위산(潙山) 선사가 그의 경책문(警責文)에서 "잠깐의 즐거움을 누리는 일, 그것이 괴로움의 원인인 줄을 알지 못하는구나."[53]라고 말한 것은 정곡(正鵠)을 찌른 것이라고 하겠다. 초

---

**53** 一期趁樂 不知樂是苦因.

발심자경문(初發心自警文)에서도 볼 수 있듯이, 우리는 "올 때 한 물건도 가져오지 않았고, 갈 때 또한 빈손으로 간다. 아무리 많아도 아무것도 가져가지 못하고, 오직 지은 업(業)만 따라 간다."[54]는 것을 안다면, 모든 것이 갖추어져 있는 바로 이곳에서 붓다의 가르침을 닦아 익히지 않을 수 없는 일이다.

능엄경(楞嚴經)에는 "비록 많이 들었다 해도 만약 수행하지 않으면 듣지 않은 것과 같다. 마치 사람이 음식 이야기를 해도 먹지 않으면 배가 부르지 않은 것과 같다."[55]라는 말이 있지만, 당연한 말이다. 듣고 배우는 것은 실행하기 위한 것이다. 우리가 잘 알지 못하는 먼 나라에 여행을 떠나려고 하는 경우, 그곳에 관한 여러 가지 정보를 입수하고 지도 등 자료를 모아 공부하는 것은 그 여행을 큰 고생 없이 알차고 보람 있게 하기 위한 일이다. 그와 마찬가지 일이다. 우리가 붓다의 가르침을 듣고 배우는 것은 붓다께서 우리에게 보이신 길을 걸어감으로 써 괴로움에서 벗어나고 해탈하려는 뜻에서이다. 유일신(唯一神)을 믿는 다른 종교와는 달리, 불교는 실행의 종교이다. 붓다의 가르침을 스스로 이해하고 증험하여 실행에 옮겨야 한다.

---

**54** 來無一物來 去亦空手去 萬般將不去 唯有業隨身.
**55** 雖有多聞 若不修行 與不聞等 如人說食 終不能飽.

문제는 '실행'이라고 하지만 어떻게 실행할 것인가? 이다. 중국의 도림(道琳) 선사는 수행의 어려움을 다음과 같은 한 마디로 밝혔다. 곧, "비록 세 살 먹은 아이도 말로는 할 수 있으나, 팔십 된 노인도 행하기는 어렵다."[56] 매우 옳은 말이다. 실행이 어렵기 때문에 실행이 강조되는 것이다. 불법의 실행이라고 하면 먼저 떠오르는 것이 화엄경(華嚴經)의 보현행원품(普賢行願品)이다. 보현행원품은 원래 입부사의해탈경계보현행원품(入不思議解脫境界普賢行願品)이라는 긴 이름인데, 그것은 생각으로 헤아릴 수 없이 오묘한 해탈의 경지에 들어가려고 보현보살이 실행할 소원을 담은 경이라는 뜻이다. 그러므로 보현행원품의 내용이야말로 우리가 붓다의 가르침을 실행함에 있어서 지킬 준칙이라고 할 수 있다. 보현행원품을 통해서 알 수 있듯이, 괴로움에서 벗어나고자 하는 소원은 마음속의 소원에 그치는 것이 아니라, 반드시 행동으로 실행하려는 소원이어야 한다.

붓다의 가르침의 실행에 관하여 흔히 일컫는 것을 신해행증(信解行證)이라는 말로 요약할 수 있다. 붓다께서는 기회 있을 때마다 제자들에게 이르시기를 "존경하는 사람의 말이라

---

**56** 三歲孩兒雖道得 八十老翁行不得.

고 해서, 스승의 말이라고 해서, 또는 붓다의 가르침이라고 해서 따르지 말라. 나의 가르침을 나의 가르침으로 믿되, 가르침의 내용을 스스로 요해(了解)하고, 스스로 실행하여, 스스로 증험하라."고 가르치셨다. 이 가르침이 신해행증, 곧 믿고, 이해하여, 스스로 행하고, 증험하라는 것이다. 교조적으로 "내가 한 말, 내가 가르친 것이니 그렇게 믿으라."는 것이 아니다. 각자에게 취사선택(取捨選擇)의 자유(option)가 주어진 것이다.

실행과의 관계에서 덧붙이고 넘어갈 일이 하나 있다. 그것은 이른바, 대승불교에서 말하는 위로 보리를 구하고[上求菩提] 아래로는 중생을 교화하는[下化衆生] 일이다. 붓다께서는 바라나시 교외의 사르나트에 있는 녹야원에서 다섯 비구를 상대로 초전법륜을 하신 뒤에, 찾아온 바라나시에 있는 장자의 아들 야샤(耶舍: Yasha)와 그의 친구 54명에게 설법을 하시어 법의 눈이 트이게 하심으로써 도합 60명의 제자를 두시게 되었을 때, 그들에게 모두 중생교화(衆生教化)에 나서도록 이르시면서, 붓다께서도 스스로 우루벨라로 가시어 설법하시겠다고 말씀하셨다. [57] 불교에서의 수행은 다른 종교의 경우와는 달리, 자기 홀로 수행 정진함에 그치는 것이 아니라, 이웃에도 널리 붓

---

**57** 잡아함 39: 1096 승색경.

다의 가르침을 전하여 그 좋은 가르침과 공덕을 함께 공유할
수 있도록 하는 데에 의미가 있다. 우리는 붓다의 거룩한 가르
침을 실행함으로써 자신의 수행을 도모하는 한편, 이웃이 널
리 함께 할 수 있도록 힘써 불교의 사회적 기능을 진작함으로
써 비로소 온전한 실행이 된다는 것을 이해할 필요가 있다. 위
에서 본 신해행증, 곧 믿음, 요해, 실행 및 증험에 관하여 살펴
보고자 한다.


## Ⅱ 믿음(信)

무엇인가를 하기 위해서는 그 하고자 하는 일에 대한 믿음
이 있어야 한다. 확신이 없이 반신반의(半信半疑)로 하는 일은
될 일도 좌절되는 수가 많다. 화엄경의 십신법문(十信法門)에는
"믿음은 도의 근원이요, 공덕의 어머니이며, 모든 좋은 법을
길러낸다."[信爲道元功德母 長養一切諸善法]라는 가르침이 있지만,
무엇을 하던지 그 일에 대한 믿음이 없으면 하는 일의 성취가
어려울 것은 당연한 일이다. 왜냐하면, 모든 행위는 마음에서
우러나는 것인데, 마음이 확고하지 않으면 흔들리고, 흔들리
면 오래 가지 못한다. 그래서 선가귀감(禪家龜鑑)에서는 "벽에
틈이 생기면 바람이 들어오고, 마음에 틈이 생기면 마군(魔軍)

이 침범한다."고 한 것이다.

그러면, "믿는다"는 것은 구체적으로 어떻게 하는 것인가? "믿는다"는 것은 머리만으로 믿어야겠다고 생각하는 것이 아니라, 마음과 몸[心身]을 다하여 받아들여 아무런 의심 없이 꼭같이 여기는 마음의 상태를 말한다고 하겠다. 이것저것 괜한 이유를 따질 것 없이 마음속 깊이 받아들여 내 것으로 삼는 것이다. 그럼으로써, 자기도 모르게 거기에서 솟아나는 힘이 바로 믿음의 본질이라고 할 수 있다.

보현행원품(普賢行願品)을 보면 "마치 눈앞에 대하듯 깊은 믿음과 앎을 일으킨다."[起深信解如對目前]라는 말이 있지만, 사람들은 자기의 눈으로 직접 보았거나 믿을 수 있는 사람이 보았다는 것이 아니면 좀처럼 믿으려하지 않는 경향이 있다. 여기에 신해(信解)라고 해서 믿음과 이해(理解)를 연결시켜 놓은 것은 불교적인 믿음의 특징을 보인 것이라고 할 수 있다. 불교에서의 믿음이란 이해한다는 것, 곧 안다는 것과 뗄 수 없는 성격의 것이어서, 유일신(唯一神)을 믿는 종교에서 말하는 신앙상의 믿음과는 차이가 있다. 여기에서 말하는 '믿음'은 마치 자기 눈앞의 것을 보듯이[如對目前] 아무런 의심 없이 자연스럽게 믿어지는 것을 말한다. 그러면, 믿는다니 무엇을 믿을 것인가? 붓다께서 믿고 의지하라고 하신 것은 붓다 자신이 아니요, 하늘도 아니며, 붓다께서 스스로 깨치신 우주의 진리를 모든 중생을 위하여 분별하고 해설하며 드러내 보이신 가르침, 바로 그것이다. 붓다의 가르침은 바른 법[正法]임을 믿어 의심하지 않는 것이다. 그래야 붓다의 가르침을 아무런 주저 없이 실행에 옮길 수 있고, 정진을 계속할 수 있을 것이다.

근년에 서양의학에서 새로운 분야로 등장하여 각광을 받고 있는 것의 하나가 바로 심신의학(心身醫學: Mind-Body Medicine)이다. 환자의 믿음이 질병의 치료에 매우 긍정적인 영향을 미친다는 점에 착안하여 체계화한 새로운 의료기법(醫療技法)이다. 마음이 몸에 미치는 효과가 얼마나 강한 것인지에 대한 확신과 환자 자신의 병의 치유(治癒)에 대한 확고한 믿음이 다양한 질병의 치유에 큰 영향을 미친다는 것이다. 그것은 의료계에서 흔히 말하는 플라시보 효과(placebo effect)와도 연관되는 것인데, 그 병에 대한 권위자로 알려진 의사가 환자에게 아주 친절하고 자상하게 대해주며 약을 처방하여 주면서, "이 약은 신약(新藥)으로 아주 귀한 것인데, 시간을 맞추어 잘 복용하면 1주일 정도면 나을 것이요."라고 하였을 때, 환자는 그 의사와 약에 대한 믿음으로 자기의 병은 꼭 나을 것이라는 확신을 가지고 약을 먹을 것이고, 그 결과 놀랄 만한 효과를 거두는 일이 많다는 것이다. 사성제를 실행함에 있어서의 믿음도 마찬가지이다. 사성제는 우주의 진리를 깨치신 붓다의 참된 가르침이라는 것을 굳게 믿고, 나아가 그 가르침을 제대로 실행하면 반드시 괴로움에서 해탈한다는 확신을 가지고 정진하면 해탈의 경지는 결코 멀리 있는 것이 아니다.


## Ⅲ  요해[解]

　요해란 사전적인 의미와 같이 어떤 일을 깨달아 아는 것을 말하는 것으로, 붓다의 가르침을 실행하려면 먼저 그 가르침의 내용을 잘 이해하여야 할 것은 당연한 일이다. 그러나 불법(佛法)을 요해한다는 것은 경전(經典)이나 넘기고, 그 속에 담긴 말 몇 마디를 외우는 것으로 되는 일이 아니다. 비유해서 말한다면, 경전이나 그것을 풀이한 책은 별을 가리키는 손가락에 불과한 것이다. 별자리를 알리려니 손가락을 들어 그 위치를 가리키지 않을 수 없지만, 보는 사람은 그 손가락을 통해서 저 멀리 있는 별의 모습을 보아야 한다. 별을 가리키는 손가락을 보았자 그것은 손가락에 지나지 않고 별과는 거리가 멀다. 불법을 공부하는 것도 마찬가지 일이다. 붓다의 가르침에 대한 공부는 스승의 말이나 경전 또는 논서(論書)를 통해서 하는 것이 첩경이지만, 그 글이나 말에 담긴 뜻을 추구하여 가르침의 참뜻이 무엇인지를 새겨 이해해야 한다. 그래서 붓다께서는 능가경(楞伽經)에서 "진실하고 거룩한 지혜는 언설(言說)에 있는 것이 아니니라. 그러므로 마땅히 뜻에 의할 것이요, 언설에 매이지 말지니라."[非實聖智在於言說. 是故當依於義 莫著言說][58]라고 이르신 것이다. 그래야 비로소 실행할 올바른 길을 파악하여 그 길을 바르게 갈 수 있다.

불교에서 안다는 것은 믿는다는 것과 불가분의 상호보완관계(相互補完關係)에 있다. 위에서 본 바와 같은 깊은 믿음으로 말미암아 이해가 깊어지고, 깊은 이해는 깊은 믿음을 이끌어내는 것이다. 보공화상(寶公和尙)이 대승찬(大乘讚)에서 "입으로는 천권의 경전을 외우고 있으나, 근본 바탕에서 경전을 물어보면 알지 못한다. 불법이 원만하게 통한 도리를 알지 못하고, 쓸데없이 글줄을 찾고 글자를 헤아리네."라고 한 것은 참으로 정곡을 찌르는 말이다. 다른 공부도 매양 한 가지이지만, 서둔다고 되는 일이 아니다. 능엄경(楞嚴經)을 보면 "이치로는 문득 깨달아 그 깨달음대로 한꺼번에 없애지만, 실제로는 문득 제거되는 것이 아니다. 차례를 따라 차츰 없어진다."[59]라는 말

---

**58** 저자, 능가경역해, 2015, 114, 117쪽.

이 있지만, 깊이 새겨들을 일이다.


## IV 실행[行]

불교는 실천의 종교이다. 물론, 불교에도 예불(禮佛) 등 여러 의식(儀式)이 있지만, 그것은 종교로서의 의례(儀禮)일 뿐이며, 불교가 지향하는 중생을 제도하여 해탈에 이르게 하는 길 자체는 아니다. 붓다의 가르침은 각자가 스스로 행하여야 하고, 그 가르침을 행할 것인지의 여부를 결정짓고 실제로 행하는 것은 각자의 몫이다. 괴로움에서 벗어나려면 붓다께서 밝히신 가르침에 따라 그 길을 스스로 착실하게 가야 한다. 가는 것이 귀찮다고 해서, 가는 것이 힘들다고 해서 그 길을 가지 않고 효험(效驗) 만을 기다리는 것은 나무 위에서 물고기를 찾는 것[緣木求魚]과 같은 일이다. 목이 마르면 목마른 사람이 스스로 물을 마셔야지, 물이 있는 곳을 알기만 하는 것으로는 목마름이 가시지 않는 것과 같다.

앞에서 본 보현행원(普賢行願)의 진수는 행함에 있다. 보현보

---

**59** 理則頓悟 乘悟並消 事非頓除 因次第盡.

살의 행은 우리가 흔히 생각하는 통상적인 행위와는 상당한 차이가 있다. 사람들은 행위라고 하면 으레 자기가 일상적으로 해 온 행위나 주변 사람들이 습관적으로 하는 행위 정도로 생각한다. 그러나 보현보살의 행은 그러한 통상적인 수준의 것이 아니다. 보현보살의 행은 간절한 소원을 일으켜 철두철미(徹頭徹尾)하게 한 마음으로 실행해 나가는 것이다. 사람의 평균 수명이 많이 길어졌다고는 하지만, 찰나(刹那)와 같은 인생에 곁눈질할 틈이 어디에 있겠는가?

불법을 닦아 행한다고 하면 으레 멀리 떨어진 외딴 산중을 연상하는 예가 많으나, 붓다의 가르침은 우리와 같은 일반 중생을 위한 것임을 유의할 필요가 있다. 불법은 바로 우리의 일상(日常)에 있는 것이지, 멀리 떨어진 외딴 곳에 있는 것이 아니다. 물론, 조용하고 외딴 산중이면 사람들이 모여 사는 도시와는 달리 소음(騷音)이나 매스컴 등에 의한 번거로움과 사람과의 접촉이 적어 마음을 고요히 하고 생각을 집중시켜 불법을 닦기가 쉬울 수도 있을 것이다. 그러나 산중은 산중대로의 장애가 있기 마련이다. 곧, 너무 고요하고 적막하다보면 외로움에 젖기 쉽고, 한밤중에 들려오는 짐승들의 울음소리에 움츠러들기 십상이며, 비바람에 떨고 무거운 눈을 지탱하지 못하고 꺾여나가는 나뭇가지 소리인들 좋을 리가 없다. 그러니 지금 있는 바로 이곳이 수행하기에 안성맞춤인 곳이다. 불법은 사는 사람을 위한 것이고, 사람은 어울려 살기 마련이니, 지금 이곳 말고 어디에서 더 좋은 수행처를 찾을 것인가?

금강경(金剛經)에서 "모든 법이 모두 불법이다."[一切法皆是佛法]라고 말씀하신 것처럼, 모든 것이 다 불법의 다른 표현인 것이요, 우리의 사는 모습 자체가 바로 다른 형식으로 나타난 불법인 것이다. "불법은 일상 생활 속에 있으며, 가고 머물고 앉고 눕는 데에 있고, 짓고[作] 행하는 데에 있다"라는 말이 전해 오는 것도 그 탓이라고 하겠다. 그래서 대혜(大慧)선사는 서장(書狀)에서 "만약 일상생활을 떠나서 따로 나아갈 곳이 있으면 그것은 물결을 떠나 물을 구하는 것이다."[60]라고 분명히 말한 것이다.

불법을 실행한다는 것은 그리 쉬운 일이 아니다. 이 세상에 소중하고 값진 일치고 쉬운 일은 하나도 없다. 그래서 정진(精進)을 강조하는 것이다. 황벽(黃蘗)선사가 불문(佛門)에 들어오는 사람에게 한 유명한 말이 있다. "번뇌를 멀리 벗어나는 일이 예삿일이 아니니, 승두(蠅頭)를 단단히 잡고 한바탕 공부할

---

**60** 若離日用 別有趣向則 是離波求水.

일이다. 추위가 한번 骨(뼈)에 사무치지 않았다면 어찌 코를 찌르는 매화향기를 얻을 수 있을 것인가?"라는 게송이 곧 그것이니, 두고두고 수행의 지침으로 새길 말이다.

불법을 실행함에 있어 가장 중요한 것은 마음을 살펴 다스리는 일이라 함은 잘 알려진 일이다. 화엄경에서 볼 수 있는 삼계유심(三界唯心), 곧 삼계는 오직 마음 뿐이라거나, 일체유심조(一切唯心造), 곧 모든 것은 마음이 만든다고 하는 것처럼, 마음을 떠나면 아무 것도 없다. 그렇기 때문에, 유마경에서는 "청정한 국토를 얻고자 하면 마땅히 그 마음을 청정하게 하라. 그 마음이 청정함을 따르면 곧 불국토(佛國土)가 청정하다."[61]고 한 것이다. 아무튼, 붓다의 가르침인 사성제를 실제로 행동에 옮긴다는 것은 매우 중요하고도 어려운 일이어서, 참으로 "믿고 받아 받들어 행하여야(信受奉行)할 일이다.

---

**61** 欲得淨土 當淨其心 隨其心淨 則佛土淨.

177

# V  증험(證)

여기에서 증험(證驗)이란 붓다의 가르침을 실행함으로써 그 가르침의 성과를 스스로 느끼는 것을 말하는데, 증과(證果)라고도 한다. 붓다께서 가르치신 네 가지 거룩한 진리의 옳고 그름을 자신의 올바른 실행을 통하여 직접 경험하는 것이다. 괴로움에서 벗어나는 길을 보이신 붓다의 가르침을 실행함으로써 마음이 가벼워지고 괴로움이 엷어지는 것은 그 예이다. 붓다께서는 가르침을 펴신 다음, 직접 실행하여 스스로 증험하여 보라고 이르신 일이 많다. 맹목적으로 믿고 행하라는 것이 아니다.

붓다의 가르침을 알았다면 우리가 할 일은 과(果)에 대한 기대보다도 소담스런 과를 맺을 수 있는 인(因)을 가꾸는 일임을 명심해야 한다. 자기가 해야 할 일은 뒤로하고, 결과에 급급한 나머지 증험에 먼저 매달리는 것은 생쌀을 보고 배부르기를 기대하는 것과 같다. 배가 고프면 쌀을 씻어 밥을 안친 다음, 불을 때서 밥을 짓고, 다 된 밥을 스스로 먹어야 배 부름이라는 결과를 증험할 수 있는 것과 마찬가지이다.

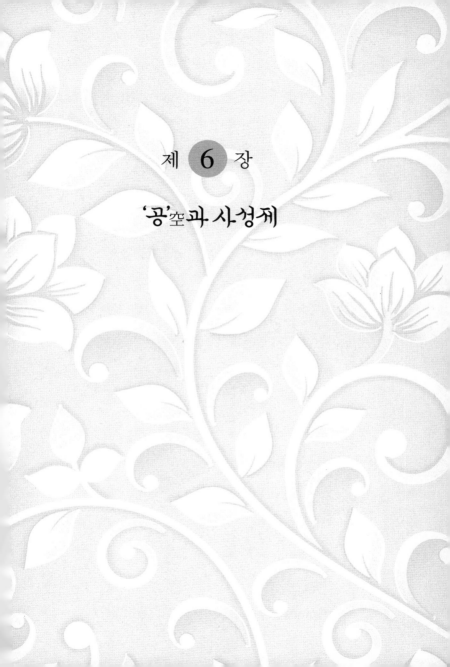

제 **6** 장

'공'空과 사성제

사성제, 곧 네 가지 거룩한 진리에 관하여 살펴보았거니와, 불교의 기본 교리라고 할 수 있는 공(空)과 사성제는 과연 어떠한 관계에 있는 것인지 살펴보지 않을 수 없을 것 같다. 사성제는 사람이 살아가는 동안에 있어서의 일이어서, 근본을 추구하여 본다면 '공'에 귀착(歸着)하는 것이요, '공'에서 생겨난 인간이 그 존재를 유지하는 동안에 있어서의 괴로움과 괴로움의 원인 및 그 괴로움을 벗어나는 방편에 관한 가르침이 사성제이기 때문이다. 그러므로 여기에서는 먼저 '공'에 관하여 간단히 살펴본 다음, 그 '공'과 사성제의 연관성에 관하여 보기로 한다.

# I '공'을 본다

불교의 기본적인 교리(敎理)라고 할 수 있는 '공'(空)은 과연 무엇이 어떻게 '공'하다는 것인가? 반야심경(般若心經)은 "오온개공"(五蘊皆空)이라고 천명(闡明)하였다. 곧, 오온이 모두 '공'하다는 것이다. '오온'이란 물질[色], 느낌[受], 생각[想], 뜻함[行] 및 의식[識]의 다섯 가지를 가리키는 것으로서, 모든 것은 몸과 마음, 곧 물질과 정신으로 이루어진 것을 전제로 하여, 물질적 존재를 색으로, 정신적 존재의 범주에 속하는 것을 느낌, 생각, 뜻함과 의식으로 구성한 것이어서, 오온이란 결국 모든 세계를 뜻한다고 할 수 있다. 그러한 오온, 곧 모든 세계는 '공'하다고 한다. 그러면, '공'하다는 것은 과연 무슨 뜻인가? '공'은 우리가 매일 대하는 이 현상계(現象界)에 그치는 문제가 아니라, 좀 더 넓은 뜻을 함축하고 있는 것이어서, 이 문제는 우주의 기본관념으로서의 측면과 현상계에서 볼 수 있는 측면으로 나누어 살펴보는 것이 편리할 것 같다. 다만, 이와 같이 구분하여 보는 것은 이들 두 영역(領域)에 차이가 있어서가 아니다. 뉴톤(Isaac Newton)이 "신비한 천체(天體)들을 지배하는 법칙은 지구의 일상사(日常事)를 지배하는 법칙과 완전히 동일하다." 라고 확언한 것처럼[62] 같은 것이어서 '공'의 원리라고 해서 다를 것이 없으나, 독자의 이해를 돕기 위하여 편의상 구분하여 살펴보는 것에 불과한 것임을 밝혀둔다.

## 1. 우주의 기본 관념으로서의 '공'

우리가 아는 이 우주는 무량무진(無量無盡)한 공간으로, 그 공간은 모든 것의 원천(源泉)이며, 그곳은 바로 모든 것이 생기고 존재하며 활동하는 터전이라고 할 수 있다. 그러나 우리는 추상적으로 우주가 무량하고 무진하여 헤아릴 수 없이 넓은

---

**62** Machio Kaku, Parallel Worlds, 2005/박병철 역, 평행우주, 2005, 53쪽.

것으로 알 뿐, 크다면 구체적으로 어느 정도의 크기인지는 제대로 짐작조차 하지 못한다. 하기야, 1977년 9월 5일 미국의 항공우주국(NASA)이 우주탐사를 위한 야심작으로 발사(發射)한 보이저(Boyager) 1호가 발사되어 35년 뒤인 2012년 8월에 성간우주(星間宇宙: Intersteller)에 진입(進入)하였고, 40년이 지난 지금도 초속 17km라는 가공(可恐)할 속도로 성간우주를 질주(疾走)하고 있다니, 과연 우주의 끝이라는 것이 있기나 하는 것인지 의문이 아닐 수 없다. 그 우주가 바로 '공'의 본 바탕인 것이고, 모든 것은 그 '공'에서 왔다가 '공'으로 돌아간다고 하는 것이며, '공'하므로 원자(原子)도 에너지도 존재할 수 있다는 것은 의심의 여지조차 없는 일이다. 우주는 원자나 에너지를 비롯하여 이름조차 제대로 알 수 없는 암흑물질(dark matters)과 암흑에너지(dark energy)로 가득하여 그 생멸(生滅)과 이합집산(離合集散)의 과정이 눈부시게 전개되고 있음은 이미 과학적으로 잘 알려진 사실이다. 그러니, 우주를 가득히 장식하고 있는 갖가지 별들은 물론, 우주에 널려 별의 한 부분이 되거나 다른 물질을 이루게 된 '것'도 본래부터 그러한 실체(實體: reality)로 존재한 것이 아니라, 어느 시점(時點)인가의 조건에 따라 쿼크(quark)와 같은 극미(極微)와 가스(gas) 등이 모여 만들어낸 것에 불과하다. 그렇기 때문에, 그러한 '것'들은 그 수명이 우리 인간에 비하여 월등히 긴 탓으로 실감하기는 어려운 일이지만, 설혹 그 존재기간이 아무리 길더라도 언젠가는 부서져 사라질 운명에 있는 것만은 분명한 일이며, 여기에 우리는 우주적인 '공'을 이해할 수 있다.

얼핏 보면 우주의 모든 것은 아주 질서정연(秩序整然)하게 돌아가고 있는 것처럼 보인다. 그러나 알고 보면 우주는 우리의 상상(想像) 이상으로 혼돈(混沌: chaos) 속에서 움직이고 있음은 물론, 우리가 살고 있는 이 매우 작은 행성(行星: planet)에서 볼 수 있는 것 못지않은 약육강식(弱肉强食)이 벌어지고 있음을 알 수 있다. 그래서 천체물리학자들은 "혼돈이 우주를 지배한다. 질서는 혼돈을 만들어 내고, 혼돈은 질서를 낳는다."라는 말을 서슴지 않고 할 정도이다.[63] 아무튼, 밤하늘을 가득 메우듯 한 별들을 비롯하여 우주공간(宇宙空間)의 모든 물질들은 일정한 조건에 따라 우주에 널려 있는 극미(極微)한 가스가 모여 만들어진 것으로, 나름대로의 존재와 활동을 유지하다가 조건이 다하면 언젠가는 초신성(超新星: supernova)에서 보는 바와 같이 별의 진화과정(進化過程)의 마지막에 이르러 대폭발을 함으로써 다시 원점(原點)으로 돌아가거나, 동력(動力)을 잃어 다른 별에 끌려 충돌하는 최후를 맞게 된다.

---

**63** Ian Stewart, Calculating the Cosmos, 2016, pp. 120, 121.

그러니, 우리에게 경외(敬畏)스럽게 느껴지기까지 하는 우주에 가득한 물질들도 그에 고유(固有)한 실체성(實體性)이 없이 조건에 따라 생주괴멸(生住壞滅)을 거듭하는 외형(外形)에 지나지 않는 것이며, 영국 월윅(Warwick)대학의 스튜아트(Ian Stewart) 교수가 그의 저서에서 "형상(形象: appearance)은 허상(虛像: deceptive)"[64]이라고 단언한 것은 바로 우주물질의 무실체성(無實體性)을 지적한 것이라고 하겠다. 여기에 우리는 우주적 차원에서의 '공'의 모습을 볼 수 있다.

## 2. 현상계에서의 '공'

반야심경(般若心經)은 "오온개공"(五蘊皆空)이라고 하여 오온의 세간이 모두 '공'한 것임을 밝혔다. 오온세간(五蘊世間)이란 기세간(器世間)과 같은 뜻으로, 중생을 수용(受容)하는 세간을 말한다. 오온, 곧 물질[色], 느낌[受], 생각[想], 뜻함[行] 및 의식[識]은 물질인 색과 정신작용인 수상행식을 합친 것이어서, 물질과 정신의 결합체는 곧 중생이고, 그러한 중생과 그를 둘러싼 모든 현상을 안고 있는 세간을 오온세간 또는 기세간이라고 부른다. 그러므로 반야심경에서 말하는 "개공"(皆空), 곧 "모두 '공'하다"는 것의 대상은 오온세간임과 동시에, 거기에

---

**64** Ibid. p. 130.

존재하는 인간을 포함한 제법(諸法)이라고 할 수 있다. 그런데, 오온을 펼쳐서 말하면 육근(六根), 육경(六境)과 육식(六識)인 십팔계(十八界)가 되는 것이어서, 십팔계, 곧 안의 마음과 밖의 만상(萬象)이 모두 오온을 벗어나는 것이 아니다.

여기에서 말하는 '공'이란 무(無)와는 전혀 다른 것임을 유의하여야 한다. 얼핏 생각하면, 공(空: emptiness)이란 '비었다'는 것이니, '빈 것'이란 아무 것도 '없다'(無: nothingness)는 뜻이라고 생각하기 쉬우나, 아무 것도 없이 텅 빈 공간은 물리적(物理的)으로 있을 수 없는 것이다. 원래, 순수하게 아무 것도 없는 상태의 진공(眞空)이란 이른바, 빅뱅(Big Bang) 순간의 상태 정도로 추정되고, 그래서 그 진공을 가짜진공(false vacuum)이라 부르며, 그 뒤에 과학자들이 실험목적 등을 위하여 만들어내는 진공인 진짜진공(real vacuum) 상태라는 것은 낮은 수준의 양자장(量子場: quantum field)과 전자력장(電磁力場: electromagnetic field) 및 거기에서 자연히 튀어나오는 입자(粒子)들은 그대로인 것이어서, 갈파드(Christophe Galfard) 박사가 단언한 바와 같이 "이 세상에 아무 것도 없는 것과 같은 것은 없다(No such thing as nothing)."[65] 그 뿐만 아니라, 연전(年前)에 작고한 스티븐 호킹

--------------------

**65** Galfard, The Universe in Your Hand, 2015, pp. 217, 218.

(Stephen Hawking) 교수는 한 걸음 더 나아가 "양자중력이론(量子重力理論)에 의하면 빈 공간 따위는 없다."[66] 라고 분명히 말하였다. 한편, 팔천송반야경(八千頌般若經) 제18품에 의하면 수부티(須菩提)존자가 붓다께 여쭙되 "세존이시여! 여래께서는 '일체법(一切法)은 빈 것이다' 라고 말씀하셨습니다." 라고 하자, 붓다께서는 "수부티여! 무릇 비어 있는 그것은 또한 무진(無盡)이니라. 비어 있는 성품인 그것은 무량(無量)이니라." 라고 말씀하시어, '공' 이란 결코 텅 비어 아무 것도 없는 것을 뜻하는 것이 아니라고 밝히셨음을 알 수 있다. 결국, '공' 은 결코 '무' 의 뜻이 아님을 알 수 있다.

그런데, 인간을 비롯하여 우리 주변의 만상(萬象)은 분명히 존재하고 또 우리는 그 존재를 인지(認知)함에도 불구하고, 그러한 '것' 들이 '없다' 니 의아해 할 수도 있는 일이다. 그러나 여기에서 '없다' 는 것은 현실적인 존재 그 자체를 부정하는 것이 아니라, "본래부터 그 자체로서의 실체(實體)를 지니고 있는 것"은 없다는 것이다. 곧, '없다' 는 것은 우리가 인식하는 만상(萬象)의 그 자체로서의 실체성이다. 금강경(金剛經)의 제5 여리실견분(如理實見分)은 "무릇 형상이 있는 것은 모두 허망하

---

66 Hawking, The Great Design(전대호 역), 2010, pp. 142, 143.

니 만약 모든 형상이 형상이 아닌 것으로 보면 곧 여래를 보리라."[凡所有相 皆是虛妄 若見諸相非相 卽見如來]라고 하여, 우리가 일상 보는 여러 현상은 실상(實相)이 아니고 허상(虛相)임을 밝히고 있다. 그 뿐 아니라, 저명한 양자물리학자인 로벨리(Carlo Rovelli) 교수는 그의 저서 '실체는 그처럼 보이는 것이 아니다 (Reality is not What It Seems)'에서 "실체는 관계의 연결망(連結網: network)이지 개별적인 물체가 아니다."[67]라고 분명히 밝혔다. 한편, 달라이 라마(HH. Dalai Lama)는 투투대주교(Archbishop Tutu)와의 대화에서, "어느 것도 진실로 존재하는 것이 아니다."라고 말한 데 대하여, 투투대주교는 "이 세상에 스스로 온 사람은 아무도 없다. 우리는 이 미묘한 관계에 속할 뿐이다." 라고 대구(對句)[68]하였음은 매우 인상적인 일이다.

아무튼, '공'은 존재현상(存在現象)의 핵심인 것으로, 전자(電子: electron)의 이동과 양성자(陽性子: proton)의 부피변화를 통하여 변한 각종 원자들이 인연에 따라 결합함으로써 생겨난 구성물(構成物)이 그 존재를 유지하면서 변화를 거듭하다가 인연이 다하면 본래의 상태로 되돌아가는 과정을 되풀이하는 것

---

**67** Rovelli, Reality is not What It Seems, 2016, p. 254.
**68** Tutu & Dalai Lama, The Book of Joy, 2016, pp. 20, 270.

이 우리가 보는 존재현상이다. 미국 버클리대학(U.C. Berkeley)의 디콘(Terrence W. Deacon) 교수가 "오늘날 만물의 이론(Theory of Everything)은 원자의 집합체 외에는 존재하는 것이 없다."[69]라고 단언한 것도 같은 뜻이라고 할 수 있다. 그러므로 '공'의 참뜻은 모든 것은 본래부터 그 자체로 존재하는 것이 아니라 일종의 구성물에 불과하여 그 자체로서의 고유(固有)한 실체성(實體性)이 없다는 것이다. 그렇기 때문에, 모든 것은 무엇인가에 의지(依支)하여 생긴 것(dependent arising)이고, 정도의 차이는 있어도 모두가 상호의존관계(相互依存關係: interdependency)에 있는 것임을 알 수 있다.


## Ⅱ    '공'과 무아(無我)

이쯤에서 '공'과 '무아'와의 관계를 간단히 살펴볼 필요가 있다. 불교의 표지[標識]라고 할 수 있는 삼법인(三法印)의 하나가 바로 제법무아(諸法無我)임은 누구나 아는 일이다. 제법무아란 존재하는 모든 것은 본래 그 자체로서 고유한 실체(實體)가 있는 것이 아니라는 것이다. 이를 무자성(無自性)이라고도 한

---

**69** Deacon, Incomplete Nature, 2012, p.1.

다. '무아'라는 것은 일부에서 잘못 이해하고 있는 것처럼 '나'라는 것이 전혀 없다는 뜻이 아니라, '나'라는 존재는 인정하되, 그 '나'라는 것이 본래부터 그 자체로 고유한 실체성(實體性)을 가지는 것은 아니라는 뜻이다. 여기에서 '나'란 사람이 스스로 자기를 나타내는 뜻으로 쓰는 1인칭(一人稱)으로서의 '나'에 국한 되는 것이 아니라, 모든 것을 그 자체의 입장에서 나타낸 것이다.

붓다께서는 설법 초기에는 '공'이라는 용어를 별로 쓰시지 않고, 주로 '무아'라는 말을 쓰셨다. 왜냐하면, 붓다의 재세당시(在世當時) 인도를 지배하던 바라문교(Brahmanism)는 물론 그 이전의 베다(Veda) 시대에도 항상 머물러 실지로 존재하는[常住實在] '나[我: Atman]라는 존재를 인정하였기 때문에, 그 당시 사람들에게는 새로운 '공'이라는 말보다 기존(旣存)의 실재하는 '나'와 대치(對峙)시켜 설명하는 것이 훨씬 이해하기 쉬웠을 것이기 때문이다. 붓다께서는 바라나시 교외의 녹야원에서 다섯 비구들에게 "물질[色]에는 '나'가 없다. 만약 물질에 '나'가 있다면 물질에는 응당 병과 괴로움이 생기지 않을 것이고, 또한 물질에 대하여 이렇게 되었으면 한다든가, 이렇게 되지 않았으면 하고 바랄 수 없을 것이다. 물질에는 '나'가 없기 때문에 물질에는 병이 있고 괴로움이 생기는 것이요, 또한 물질에 대하여 이렇게 되었으면 한다든가, 이렇게 되지 않았으면 하고 바라게 되는 것이다. 느낌[受], 생각[想], 뜻함[行], 의식[識] 도 또한 그와 같으니라."라고 하시어 '무아'를 설명하셨다.[70] 여기에서 말씀하신 뜻은 사람을 비롯한 모든 것은 본래부터 그 스스로 고유한 실체로서 존재하는 것이 아니라, 인연에 따라 여러 인자(因子)가 모여서 만들어진 것에 불과하다는 것이다. 초기경전인 한역 아함경(阿含經)을 보면 '무아'라는 표현을 많이 쓰셨는데, 시간이 흐름에 따라 '공'과 '무아'를 함께 쓰신 예도 보인다.

'무아'에 갈음하여 '공'이 부각(浮刻)되기 시작한 것은 대승경전, 특히 초기대승경전인 반야부경전(般若部經典)이 나오면서부터인데, 특히 '공'의 정의를 적극적으로 정립한 것은 나가르쥬나(龍樹: Nagarjuna)이다. 이는 나가르쥬나가 그의 중론(中論) 관사제품(觀四諦品)에서 "인연으로부터 발생하지 않는 존재는 단 하나도 없다. 그러므로 일체의 존재는 공 아닌 것이 없다." [71]라고 한 것을 통해서도 알 수 있다. 아무튼, 초기경전상의 '무아'와 후기경전에서 일반화된 '공'은 실질적으로 같은 것

--------

**70** 잡아함 2: 34 오비구경(五比丘經).
**71** 용수보살저, 청목 석, 구마라집 한역, 김성철 역주, 중론, 2005, 414쪽.

이라고 할 수 있다. 구태여 말한다면, '무아'는 연생법(緣生法)을 무상(無常)이라는 것에 중점을 둔 것이라고 한다면, '공'은 연생법을 조건의존성(條件依存性)의 관점에 치중하여 본 데에 뉘앙스를 엿볼 수 있을 뿐이다. '공'은 바로 불교의 핵심이다. '공'을 제대로 이해한다면 우리는 괴로움에 시달릴 것이 없다. '공'을 제대로 이해하지 못하는 어리석음[愚癡] 까닭에 괴로움이 항상 우리 주위를 맴돌게 되는 것이다.


## III '공'과 사성제

앞에서 '공'이란 존재의 무실체성(無實體性), 곧 모든 '것'은 인연에 따라 여러 인자(因子)가 결합하여 이루어진 것으로, 본래부터 고유한 그 자체로서의 실체를 지니는 것이 아니라는 것임을 보았다. 다시 말하면, 모든 것은 본래부터 그 자체의 고유한 실체성을 가지고 존재하는 것이 아니라, 인연에 따라 무엇인가에 의지하여 생겨난 것이어서 그 자체의 고유한 실체가 없는 것이다. 그 자체로서의 실체성이 없이 인연이 닿아 여러 인자가 모여 생긴 것은 정도의 차이는 있을지언정 모두 생주이멸(生住異滅), 곧 생겨 머물며 변하여 사라지는 과정을 겪지 않을 수 없다. 다시 말하면, 모든 존재는 그 자체로서의 실체성이 없고[無實體性], 따라서 항상 그대로 머무를 수 없는 것[無常]임을 알 수 있다.

한편, 불교에서 내거는 삼법인(三法印), 곧 제법무아(諸法無我), 제행무상(諸行無常)과 일체개고(一切皆苦)는 바로 모든 것의 무실체성에서 당연히 우러나는 현상이라고 할 수 있는 것이어서, 그것은 결국 '공'에서 연유(緣由)되는 것임을 알 수 있다. 그런데, 네 가지 거룩한 진리 곧, 괴로움의 거룩한 진리[苦聖諦], 괴로움의 모임의 거룩한 진리[苦集聖諦], 괴로움의 사라짐의 거룩한 진리[苦滅聖諦] 및 괴로움이 사라지는 길의 거룩한 진리[苦滅道聖諦]는 그 이름을 통해서도 쉽게 알 수 있는 것처럼 우리 인간이 살아가는 동안 끼고 사는 '괴로움'[苦]의 존재를 전제로 하는 것이고, 그 '괴로움'의 원천은 바로 삼법인에서 보듯이 근본적으로는 '공'에서 연유된다. 물론, 괴로움은 직접적으로는 괴로움의 모임의 거룩한 진리를 통해서도 알 수 있는 바와 같이 탐욕(貪欲), 성냄[瞋恚]과 어리석음[愚癡]의 삼독(三毒)이 원인인 것이나, 근본적으로는 '나'라는 실체가 없다는 것과 모든 것은 무상하여 언젠가는 변하여 사라진다는 것을 알지 못하며, 사랑하는 것과 헤어지고, 원수와 만나며, 구해도 얻을 수 없는 등 여덟 가지가 바탕에 깔려있는 것임을 알 수 있다. 그래서 괴로움을 말할 때, 흔히 팔고(八苦), 곧 여덟 가지 괴로움을 드는 것이다.

그러니, '공'을 제대로 이해한다면 '나'라는 존재는 실체가 없는 것이라는 것과 모든 것은 무상(無常)하여 결국 변하여 사라진다는 것을 알게 됨으로써 적어도 괴로움이 반감(半減)될 것은 의문의 여지가 없다. 그런데, '공'을 천명(闡明)한 반야심경은 '공'의 세계에는 "고집멸도(苦集滅道)", 곧 사성제도 없다고 단언(斷言)하였다. 붓다의 가장 핵심적인 가르침인 사성제, 곧 고집멸도조차 없는 것이라니, 도대체 무슨 뜻인가? 반야심경은 "모든 것의 '공'한 모습[諸法空相]"을 보인 다음, "그러므로 '공' 가운데에는[是故 空中] 물질도 없고[無色]"에서 시작하여 "괴로움, 모임, 사라짐, 사라지는 길도 없고[無苦集滅道]"로 나아갔다. 그러므로 엄격히 말한다면, '무고집멸도' 앞에 '공중'이 붙어야 하지만, 중복을 피하는 의미에서 '공중'을 이 구절의 맨 앞에만 붙인 것이라고 하겠다. 그러므로 원뜻은 "공 가운데에는 고집멸도도 없다.[空中 無苦集滅道]"는 말이다.

원래, 사성제, 곧 네 가지 거룩한 진리는 구체적인 인간의 삶 속에서의 괴로움을 없애는 길을 제시하는 실용적(實用的)인 가르침이라고 할 수 있다. 다시 말하면, 사성제는 우리가 현실적으로 삶을 영위(營爲)하고 있는 현상계(現象界)의 일이다. 그

194

러므로 이를 '공'의 차원에서 본다면 '고집멸도', 곧 사성제
랄 것도 없다는 것이다. 하기야, 괴로움이라고 하거나 고통이
라고 하거나 이들은 실체가 있는 것이 아님은 물론, 유형적(有
形的)으로 존재하는 것도 아니다. 괴로움은 오로지 사람의 의
식작용(意識作用)에 불과하여, 우리의 마음속에서 생겼다가 마
음속에서 사라진다. 괴로움이란 볼 수 있거나 만질 수 있는 것
도 아니고, 오직 자기 스스로 느끼고 생각하는 것뿐이다. 그러
므로 딱히 있다고 할 것도 없고, 그렇다고 없다고도 할 수 없
는 것이 괴로움이다. 그래서 괴로움이라고 해도 마음먹기 하
나에 달린 일이라고 하는 것이나, 마음먹는 것은 형상을 가지
는 사람이 하는 일이다. 그러니, 그것을 '공'의 관점에서 본다
면 '없음'에 귀착(歸着)되는 것이고, 괴로움이 '없음'에 귀착된
다면 그것을 없애기 위한 가르침인 사성제도 결국 '없음'에
돌아가는 것은 당연한 일이라고 하겠다.

## IV '공'과 팔정도

### 1. '공'과 상호의존관계

앞에서 본 바와 같이 '공'은 존재현상의 근원(根源)으로서, 전자(電子: electron)의 이동과 양성자(陽性子: proton)의 부피변화를 통하여 변한 각종 원자들이 인연에 따라 결합함으로써 생겨난 구성물이 그 존재를 유지하면서 변화를 거듭하다가 인연이 다하면 본래의 상태로 되돌아가는 과정을 되풀이하는 것이 우리가 보는 존재현상이다. 그러므로 '공'의 참뜻은 모든 것은 본래부터 그 자체로서 존재하는 것이 아니라 일종의 구성물(構成物)에 불과하여, 그 자체로서의 고유한 실체성(實體性)이 없다는 것이다. 그렇기 때문에, 모든 '것'은 무엇인가에 의지(依支)하여 생기는 것(dependent arising)이고, 모든 것은 정도의 차이는 있어도 모두가 상호의존관계(相互依存關係: interdependency)에 있는 것이다. 따라서 모든 것은 궁극적(窮極的)으로는 일체성(oneness)으로 통한다고 할 수 있다. 여기에 나와 너, 내 것과 네 것 및 우리와 저들 따위의 구분이 있을 수 없음을 알 수 있고, 상호의존관계에 있는 서로가 서로를 아끼는 자, 비, 희, 사(慈悲喜捨)[72]의 참된 바탕을 알 수 있다.

--------------------

**72** 자비희사(慈悲喜捨)는 사무량심(四無量心)을 가리킨다.

## 2. '공'과 팔정도

후기불교, 곧 대승불교(大乘佛敎)에서 말하는 보살(菩薩: bodhisattva)이란 발심(發心)하여 삼보(三寶)에 귀의하고 사홍서원(四弘誓願)을 내어 육바라밀(六波羅蜜)을 수행하며, 위로는 보리(菩提)를 구하고 아래로는 모든 중생을 교화하는 자리이타(自利利他)의 행을 닦는 이를 가리킨다. 그런데, 여기에서 말하는 '자리'와 '이타', 곧 스스로 보리를 구하고 모든 중생을 교화하는 일은 서로 배타적(排他的)인 것이 아니고, 둘은 서로가 직접 지향(志向)하는 바에 차이가 있을 뿐 서로 보완관계(補完關係)에 있는 것임을 알아야 한다. 스스로 보리를 구함이 없이 남을 교화할 수 없음은 물론, 중생을 교화하려는 마음가짐이 없이 온전한 수행을 기대할 수 없기 때문이고, 또 자리이타의 행(行)은 우리 모두의 상호의존관계에서 당연히 우러나는 요구라고 할 수 있기 때문이다.

우리가 지금까지 살펴본 사성제의 핵심적 내용인 팔정도(八正道)는 해탈에 이르는 길을 구체적으로 제시한다. 그것은 곧 지혜와 실천의 복합적인 길이다. 일부 학자나 대승론자(大乘論者)들 가운데에는 팔정도를 출가자의 열반을 위한 수행만을 강조한 소승적(小乘的)인 것으로 잘못 이해하는 예도 있다. 그러나 팔정도야말로 대·소승(大·小乘)을 극복하고 자타(自他)

를 초월한 수행의 덕목(德目)으로, '공'에 따르는 상호의존관계를 바탕에 깔고 자리이타 및 지혜와 도덕적 행위를 아우르는 현실적인 수행의 길을 집대성(集大成)한 것이라고 할 수 있다. 이러한 관점에서 팔정도를 간단히 살펴보고자 한다.

먼저, 팔정도 가운데 자기 스스로의 보리(菩提: Bodhi)를 구함에 직접 연관되는 수행의 길[道]로 정견(正見), 정사유(正思惟), 정정(正定) 및 정념(正念)의 네 가지를 들 수 있다. 정견(正見)은 '공'의 진리를 제대로 이해하고 받아들임을 기본으로 삼는 것이고, 정사유는 항상 진리를 추구하는 마음으로 바른 생각을 끌어내야 하며, 정정은 고요하고 안정된 마음의 확보를 추구(追求)하고, 정념은 늘 고요하고 깨어 있어 바른 마음챙김을 끌어내도록 한다. 그러므로 이들이 직접적으로는 상구보리(上求菩提)를 위한 수행방편으로서 자기 스스로의 이로움[自利]에 기여(寄與)하는 것이나, 간접적으로는 중생교화(衆生敎化)를 위한 밑거름이 된다는 것은 의문의 여지가 없다.

다음으로, 정어는 말의 참뜻을 새겨 바르고 온화함을 유지하고, 정업은 늘 바르고 편파적(偏頗的)이 아니며 이기성(利己性)을 버린 행위일 것을 요구하며, 정명은 불교적인 기본 계율, 곧 오계(五戒)에 맞는 직업에 종사할 것을 요구한다. 이들 세 가지는 남을 해롭게 하지 않고 배려하는 마음가짐으로 이타성(利他性)이 강한 것이나, 간접적으로 행위자 스스로에게도 정신적인 도움이 된다는 점을 간과(看過)할 수 없다. 끝으로, 정정진은 팔정도의 일곱 가지 방편 모두에 관계되는 것으로서, 자타(自他)를 위한 관심과 노력을 촉구하는 의미가 있는 것이 사실이다. 결국, 팔정도는 우리가 삶을 유지함에 있어서 상호의존관계의 중요성을 일깨워주는 것임을 알 수 있다.

제 **7** 장

'현대사회와 사성제

# I 현대사회와 괴로움

## 1. 현대사회의 구조적 변화

오늘의 사회를 가리켜 흔히 탈공업적(脫工業的)인 정보화시대(情報化時代)라고 부른다. 우리나라는 1960년대 내지 70년대 초반까지만 해도 농업국가로서의 틀을 벗어나지 못한 것이 사실이다. 농업이 산업을 주도하던 때에는 전통적인 가부장제(家父長制)를 중심으로 한 대가족제(大家族制)가 사회구조의 주류(主流)를 이루었기 때문에, 경제적으로 풍요롭지는 못해도 비교적 안정된 생활관계가 유지된 것도 부인하기 어렵다.

그러나 1970년대에 들어서면서 부터의 공업화의 촉진에 따라 주로 공장취업(工場就業)을 위한 인력의 도시집중이 가속화(加速化)되고 반사적(反射的)으로 농촌인구가 감퇴(減退)됨에 따라 자연히 핵가족(核家族)이 급증하게 된 것은 하나의 피할 수 없는 현상이 되었다. 급진적인 공업화에 따른 인구의 도시집중은 부(富)에 대한 기대를 부풀려 마치 개척기(開拓期)의 미국에서 볼 수 있었던 골드러시(gold rush)를 연상시키는 점이 없지 않을 정도였다. 공업화의 촉진은 종전에 비하여 상대적으로나마 경제적인 여유를 가져온 것이 사실이나, 경제적 위상(位相)의 급격한 변화는 부(富)에 대한 집착(執着)은 물론, 가진 자에 대한 질시(嫉視)를 가중시켰음은 오히려 당연한 귀결(歸結)이라고 할 수 있다. 나아가, 핵가족의 보편화는 대가족제의 경우와는 달리, 각자가 스스로의 생계(生計)를 위한 경제적 책임을 부담하여야 할 처지에 놓이게 됨으로써 생활관계에 대한 불안은 그만큼 더 심각하여진 것이 사실이다.

한편, 20세기 말경부터 급격한 발전을 보인 전자산업(電子産業)은 정보통신기술(情報通信技術: ICT.)의 획기적인 발달로 정보화시대(情報化時代)로 불리는 새로운 패러다임(paradigm)의 사회를 전개하게 되었음은 우리가 잘 아는 사실이다. 컴퓨터의 생활화는 우리의 생활은 물론 사무(事務)와 기업의 현장경영(現場經營)에 이르기까지 총체적인 변화를 가져왔고, 인터넷(internet)과 이메일(e. mail) 및 스마트 폰(smart-phone)의 생활화는 우리의 생활질서에 혁명적인 변화를 불러왔음은 우리가 다 아는 바와 같다. 이러한 정보화시대의 전개가 우리에게 여러 가지로 편익(便益)을 제공하게 된 것은 부인할 수 없는 일이다. 각종 업무능률과 정확성이 제고(提高)됨은 물론, 개인의 생활이 훨씬 간편하고 흥미로워진 것이 사실이다. 그러나 동시에, 정보화 사회의 실현으로 빚어진 폐단이 적지 않음도 간과(看過)할 수 없다. 우선 컴퓨터를 통한 자동화(自動化)[73)]의 촉진은 인력수요(人力需要)의 감퇴(減退)를 불러왔고, 힘에 의존하는 업무영

역의 축소로 인한 노력이전(勞力移轉)은 특히 여성의 지위향상(地位向上)과 맞물려 여성의 취업기회(就業機會)의 확대로 이어졌으며, 경제활동의 세계화로 인한 경쟁의 치열화는 경제활동에서 순환속도(循環速度)의 가속화(加速化)를 불가피하게 만들었다.

더욱이, 디지털(digital)과 모바일(mobile)환경에서 자란 2, 30대들은 인터넷(internet) 검색(檢索)과 각종 사회적 매체(社會的 媒體: social-media)의 생활화로 말미암아 자연히 개성(個性)이 강한 새로운 사고(思考)의 세대로 부각(浮刻)되게 된 것이 현실이다. 이러한 일련의 사회적 변화는 개인주의적인 경향을 만연시킴으로써 독신생활(獨身生活)을 선호(選好)한다거나, 어설픈 취업(就業)을 꺼리는 경향조차 보임으로써 사회적 문제로 등장하고 있는 것이 사실이다.

## 2. 현대사회에 볼 수 있는 괴로움의 원인

앞에서 현대사회의 특징적인 문제를 관견(管見)하였거니와, 그러한 사회적인 문제는 당연히 그 사회를 이루고 있는 사람들에게 직접 또는 간접적으로 영향을 미치고, 그 영향은 개인

---

**73** CAD. CAM. 등은 그 예의 하나라고 할 수 있다.

의 사고(思考)에 크게 작용하는 것은 당연한 일이다. 사람이 겪는 괴로움[苦: suffering]은 마음에서 우러난다. 마음에서 우러나서 마음에서 괴로워하다가 마음에서 변하고 사라지는 것이 괴로움이다. 그러므로 괴로움은 내부 심의적(心意的)인 현상이어서 각자(各自)의 문제이다.

괴로움의 주된 원인으로 사성제의 고집성제(苦集聖諦), 곧 괴로움의 모임의 거룩한 진리는 탐욕(貪欲)과 성냄[瞋恚] 및 어리석음[愚癡], 곧 삼독(三毒)을 들고 있다. 그러나 위에서 본 바와 같은 현대사회가 안고 있는 특징적인 문제들은 갖가지 괴로움의 원인으로 작용함으로써 괴로움의 심화(深化)는 물론 보편화(普遍化)를 촉진하고 있음을 부인할 수 없는바, 이를 요약하여 보면 다음과 같다. 먼저, 종전에 볼 수 있던 것과 같은 직장에 대한 충성(忠誠)내지 의리(義理)의 소멸과 직장에 대한 불안을 비롯하여, 근년에 많이 볼 수 있는 독신현상(獨身現象)은 개인의 생활관계에 불안정(不安定)을 가져온다는 것은 의문의 여지가 없다. 그 뿐 아니라, 날로 더해지는 경쟁의 심화(深化)와 각종 전자산업에 있어서의 변환주기(變換週期)의 단축에 자극된 '빨리 빨리'의 생활화는 당사자는 물론 주변의 많은 사람에게 강박관념(强迫觀念)을 일으키게 하기에 족한 일이다. 나아가, 근년에 들어 디지털(digital)시대의 전개와 함께 인터넷

206

(internet) 검색과 스마트 폰(smart-phone) 및 페이스북(facebook) 등을 통한 사회적 연결매체(social media)의 일상생활화는 심지어 중독(中毒)에 가까울 정도로까지 사람들을 그에 매달려 떨어지기 어려운 상태에까지 이르게 만듦으로써, 심지어 "담배는 폐(肺)를 망가트리지만, 구글(google)과 페이스북은 정신(精神)을 좀먹는다."는 말이 나올 정도로 '생각을 빼앗긴 시대'를 연출(演出)하고 있다.

그러니, 감성(感性)이 지배하는 개인주의가 만연(蔓延)할 것은 피할 수 없는 일이며, 여기에 이른바, 제트세대(Z世代)까지 맞이하게 되었다고 할 수 있다. 위에서 본 바와 같은 생활관계의 불안정과 강박관념의 제고(提高) 및 감성적(感性的) 개인주의의 만연(蔓延) 등은 삼독이라는 전통적인 괴로움의 원인에 더하여, 사색능력(思索能力)의 상실이라는 훨씬 더 심각한 괴로움의 원인으로 작용함을 인식할 필요가 있다. 더욱이, 디지털기기(digital器機)의 생활화는 아날로그적(analogue的)인 인간의 인식체계(認識體系)에 큰 영향을 미치지 않을 수 없을 것임을 고려하지 않을 수 없다.

## 3. 현대사회에서의 괴로움

괴로움이라고 하면 옛날의 것이나 지금의 것을 가릴 것 없이 마찬가지이거나 비슷할 것으로 생각하는 것이 보통이나, 현대사회에서 겪는 괴로움은 과거의 것과는 차원을 달리하는 독특한 측면이 있음을 유의할 필요가 있다. 역사적으로 과거의 세대들이 겪었던 괴로움은 주로 개인적인 심의적(心意的) 요인이라고 할 수 있는 탐욕이나 성냄 또는 어리석음, 곧 삼독(三毒)으로 빚어지는 것이 보통이었다. 그러나 오늘의 세대가 겪는 괴로움은 전통적인 원인에 더하여, 위에서 본 바와 같은 현대사회가 안고 있는 독특한 현상에서 유발(誘發)된 특수한 괴로움이 많고 또 증가일로(增加一路)에 있음을 부인할 수 없다.

현대사회에서 볼 수 있는 여러 가지 특수한 현상으로 인하여 만연된 생활관계의 불안정과 사회적인 강박관념 및 감성적인 개인주의에 더하여 사고능력(思考能力)의 감퇴(減退)는 현대사회에 짙게 드리운 먹구름이라고 해도 과언이 아닐 것이다. 이들은 괴로움의 원인으로 작용함에서 한 걸음 더 나아가 정신질환(精神疾患)으로까지 발전하는 뚜렷한 징후(徵候)를 보이고 있기 때문이다. 불안감과 강박관념에서 오는 갑작스런 공포감(恐怖感)은 공황장애(恐慌障碍)로 이어지기 쉽고, 망상(妄想)과 정서적인 둔감(鈍感)은 정신분열증(精神分裂症) 질환으로 꼽히는 조현병(調絃病: Schizophrenia)의 원인이 될 수 있으며, 일상적인 불안감과 독거환경(獨居環境)은 우울증(憂鬱症)을 유발하기에 십상이다. 그 결과, 지난 10년간 각종 질환의 진료통계(診療統計)에 의하면 정신병질환자의 진료 증가율(增加率)이 단연 1위를 차지함을 알 수 있다. 더욱이, 이른바 젯트(Z)세대로 불리는 20대의 우울증과 조현병 등 정신질환의 증가율은 년 9.4%에 이르며, 그 주된 원인으로는 성적(成績)과 취업(就業)에 대한 불안 및 돈 걱정을 들 수 있다고 하니, 심각한 일이 아닐 수 없다.

괴로움은 마음의 문제이고, 궁극적으로는 마음의 작용이다. 마음이 의식하지 않는다면 괴로움도 느낄 수 없기 때문이다. 다만, 일반적으로 말하는 괴로움[苦]의 원인의 대부분은 자신의 마음에서 만들어진 것이고, 사회적 요인(要因) 내지 사회적 연결성(連結性)이 희박한 것이 통상적인 예이다. 이와는 달리, 현대사회에서 볼 수 있는 새로운 유형(類型)의 괴로움은 정도의 차이는 있을망정 모두 사회적 요인과 연관성(聯關性)이 있음을 부인할 수 없다. 그 뿐만 아니라, 현대사회에서 볼 수 있는 괴로움은 많은 경우 단순히 마음에서 느끼는 단계를 지나 정신적인 질병으로 발전할 수 있는 가능성이 많음을 유의하여야 한다.

## Ⅱ 현대사회에서의 사성제

### 1. 사성제가 시사(示唆)하는 것

위에서 거듭 설명한 바와 같이 사성제, 곧 네 가지 거룩한 진리는 사람이면 정도의 차이가 있을 뿐 누구나 삶을 이어가는 과정에서 겪는 괴로움을 벗어나 해탈(解脫)의 경지로 이끌려는 붓다의 간절한 소망이 담긴 거룩한 진리이다. 그렇기 때문에, 서구사회(西歐社會)에서조차 사성제(四聖諦)를 네 가지 거룩한 진리(four Noble Truths)라고 하여 수행(修行)의 길잡이로 삼고 있음을 알 수 있다.

사성제에서 말하는 괴로움의 원인은 괴로움의 모임의 거룩한 진리[苦集聖諦]를 통하여 알 수 있는 바와 같이 탐욕(貪欲)과 성냄[瞋恚] 및 어리석음[愚癡]인바, 이는 근본적으로 모든 것이 '공' [空]한 것임을 제대로 알지 못함에서 비롯된다고 할 수 있다. 오늘날 세계적으로 저명한 입자물리학자(粒子物理學者)들조차 공감(共感)하고 있듯이, 만일 '공'의 진리를 잘 이해한다면 '나'라는 것이 본래 아무런 실체도 없는 것임을 알 것이고, 모든 생겨나 존재하는 것은 어느 것 하나 예외 없이 모두 변하고 사라지는 무상(無常)한 것임을 알 것이다. 거기에 욕심 부리고 집착할 것이 무엇이며, 질투(嫉妬)하고 화를 내 보았자 그것은 자기 마음속의 일에 그침을 알 것이니, 삼독에 휩쓸릴 까닭이 없다. 그러니, 사성제의 가르침은 근본적으로는 '공'을 제대로 이해하여 어리석음에서 벗어남으로써 괴로움의 원인을 멀리할 수 있음을 시사(示唆)하는바 크다고 하겠다.

현대사회에서 괴로움을 유발하는 특별한 사회적 요인들도 '공'의 입장에서 본다면 그에 집착(執着)하고 탐닉(耽溺)할만한 것이 되지 못함을 쉽사리 알 수 있는 일이다. 거기에 스마트폰이나 게임(game)에 탐닉(耽溺)한다거나 에스엔에스(SNS) 등의 사회적 연결망(social media)에 집착할 이유가 있겠는가? 문제는 각자의 의지(意志)에 있을 뿐이다.

## 2. 팔정도의 생활화

사성제에서 괴로움이 사라지게 할 방편으로 붓다께서 제시한 처방이 곧 팔정도이다. 팔정도야말로 현대에 삶을 이어가는 중생들이 겪는 괴로움, 그것이 통상적인 마음의 괴로움이 되었건, 현대사회에서 볼 수 있는 것과 같이 갖가지 사회적인 요인에서 기인 되었거나를 가릴 것 없이, 모두에게 매우 유용한 방편이라고 할 수 있다.

위에서도 밝힌 바와 같이, 팔정도는 자리와 이타[自利利他]의 양면성(兩面性)을 함께 지니고 있는 가르침이어서 이들은 각각 배타적인 성격의 것이 아니라 상호보완적(相互補完的)인 구실을 함으로써, 그 효과를 극대화하는 것임을 부인할 수 없다. 먼저, 팔정도 가운데 자리성(自利性)이 강한 것으로 바른 소견[正見], 바른 생각[正思惟], 바른 마음챙김[正念]과 바른 선정[正定]을 들 수 있다. 이들은 모두 '마음'에 직접적으로 관계되는 것임을 알 수 있다. 바른 선정으로 고요하고 안정된 마음(samadhi)을 유지하고, 고요한 마음을 바탕으로 집중적인 사고, 곧 마음챙김(vipashana)를 추구하며, 바른 생각을 통하여 바른 소견을 이끌어내는 일련의 과정(過程)인 셈이다. "'나'라는 것이나 '마음'에 생래적(生來的)으로 고유한 실체(實體)가 있는 것이 아니어서 마음은 매우 유연(柔軟)한 것이며, 마음의 이러한 본질적으로 '공'한 성질 까닭에 우리는 언제나 우리의 마음의 변화를 이끌어낼 수 있는 것이다."[74] 괴로움이나 우울함은 마음에서 우러나는 것이고, 마음을 떠나면 괴로움은 그 입지(立地)를 잃어 고개를 들 수 없다. 그래서 마음공부를 강조하는 것이다.

다음으로, 팔정도 가운데 이타적(利他的) 성격이 강한 것으로는 바른 말[正語], 바른 행위[正業]와 바른 생활[正命]이다. 우리는 말을 매개(媒介)로 다른 사람과 의사소통(意思疏通)을 하는

---

**74** Sharon Begley, Train Your Mind Change Your Brain, 2007, p. 13.

것이어서, 말의 내용이나 말하는 태도는 상대방의 마음에 상처를 입히기 십상이다. 오죽하면 "말 한 마디로 천량(千兩) 빚도 갚는다."는 속담이 있겠는가? 또, 사람의 마음은 행동으로 나타나는 것이 보통이며, 행동은 상대방이 있는 것이 보통이다. 따라서 사람의 갖가지 행동은 말 못지않게 상대방의 심정에 영향을 미친다. 한편, 사람은 생활을 유지하기 위한 수단으로 갖가지 직업을 갖게 되고, 직업은 내용에 따라 다른 것의 생명과 직결(直結)되거나 사회적으로 비난의 대상이 되는 것인 경우가 적지 않다. 그러므로 바른 말[75], 바른 행위 및 바른 생활을 함으로써 남에게 해로운 영향을 주지 않고, 동시에 자기 스스로도 바른 마음가짐을 갖도록 일깨운 것이다.

끝으로, 바른 정진[正精進]은 팔정도의 나머지 모든 덕목(德目)에 공통적으로 적용되는 방편이다. 앞에서 본 팔정도의 여러 덕목들은 게으름 없이 항상 부지런한 노력을 기울여 닦아 행해야 함은 다시 말할 나위조차 없기 때문이다. 오늘날 증가 일로(增加一路)에 있을 뿐만 아니라, 날로 심각해지는 괴로움을 벗어나 멀리하기 위해서는 팔정도의 일상 생활화를 도모하여

---

**75** 십불선(十不善)으로 들이는 바르지 않은 말로는 거짓말[妄語], 꾸밈말[綺語], 이간질하는 말[兩舌]과 나쁜 말[惡語]의 네 가지를 든다.

야 함은 물론, 팔정도의 생활화가 이루어짐으로써 괴로움이
범접(犯接)할 수 없는 경지에 이르게 될 것임은 의문의 여지가
없는 일이다.

# 글을 맺으며

모든 생물이 비슷하겠지만, 사람들은 늘 '괴로움'을 끼고 사는 것 같다. 그러나 그 괴로움이라는 것도 사람으로 태어나 살고 있기 때문에 겪는 것이요, 그 다음의 일은 적어도 지금의 나로서는 잘 알 수 없다. 다만 한 가지 일만은 틀림없는 것 같다. '괴로움'이라는 것도 상당한 인연 없이 난데없이 찾아오지는 않는다는 점이다. 우선, '괴로움'이라는 것 이전에 '괴로움'을 겪을 주체(主體)인 사람이 있어야 할 것이고, 그 사람이라는 것 자체가 스스로 존재하는 것이 아니라, 인연의 산물(産物)이니 말이다.

우리는 무명(無明) 까닭에 인연에 관하여 추상적으로 알뿐, 구체적으로 잘 알지 못하는 것이 보통이다. 그러나 사람이 어리석다고 해도 살다보면 일반적으로 이해하기 어려운 일을 겪는 일이 한두 차례가 아니고, 그런 경우에는 으레 '우연(偶然)'을 들먹이는 것이 일반적이다. 그러나 성지순례(聖地巡禮) 길에 뜻하지 않게 만난 달라이 라마(Dalai Lama)의 말처럼 "이 세상에 우연이라는 것이 어디에 있겠는가?" 만일 있다고 가정한다면 세상은 참으로 예측할 수 없는 무질서(chaos)를 피하기 어려울 것이요, 결국 무엇인가의 원인이 있어 그에 상응(相應)한 결과로 나타난 것, 흔히 말하는 자신의 행위, 곧 언젠가 자기가 지은 업(業)의 소산(所産)으로 보지 않을 수 없다.

사실, 사성제의 주제(主題)인 괴로움이나 괴로움의 원인 등이라는 것도 '마음' 밖에 있는 것이 아니다. 알고 보면 모두가 '마음'의 작란(作亂)이다. 우선, 그 '마음'을 알고, 그 마음을 거두어 잡아야 할 텐데, '마음'이란 놈의 꼴은 고사하고 '마음' 자체를 제대로 알기조차 어려우니 한심스러울 뿐이다. 알 것 같으면서도 막상 파고들면 알 수 없고, 어쩌다 반짝하고는 사라져버리니, 해는 저문데 어느 겨를에 일을 치를 것인가?

저자가 사성제에 관해서 포괄적이면서 알기 쉽게 정리한 책을 써 보려고 마음먹은 것은 벌써 5, 6년이 된 것 같다. 그동안 이런 저런 일로 핑곗거리가 생겨 미뤄진 것이 더 기다리기 어려울 정도가 되고 말았다. 결국, 유마경을 마치고 나서야 부랴부랴 칸을 메워나가게 되었으니, 유마거사의 불이법문(不二法門) 덕으로 돌리는 것이 좋을 것 같다. 붓다의 가르침을 내 나름으로는 충실하게 나타내 보려고 애를 쓰지만 항상 뜻과 같이 되지 않음을 자괴(自愧)하면서, 생각을 글로 그려낸다는 것이 원래 한계가 있는 것이라는 말로 변명(辨明)을 삼을 뿐이다. 그러니, "마땅히 뜻에 의하되 언설에 매이지 말라"[當依於義 莫着言說]고 이르신 붓다의 가르침에 따라 독자의 밝으신 지혜로 뜻을 헤아려 읽어 주시면 그에 더한 고마움이 없겠다.

# 轉法輪經 (잡아함 15: 379)

如是我聞 一時 佛住波羅奈鹿野苑中 仙人住處. 爾時 世尊告五
여시아문 일시 불주파라나녹야원중 선인주처 이시 세존고오

比丘 "此苦聖諦 本所未曾聞法 當正思惟 時生眼智明覺. 此苦
비구 차고성제 본소미증문법 당정사유 시생안지명각 차고

集 此苦滅 此苦滅道跡聖諦 本所未曾聞法 當正思惟 時生眼智
집 차고멸 차고멸도적성제 본소미증문법 당정사유 시생안지

明覺. 復次 苦聖諦智 當復知本所未曾聞法 當正思惟 時生眼智
명각 부차 고성제지 당부지본소미증문법 당정사유 시생안지

明覺. 苦集聖諦 已知當斷 本所未曾聞法 當正思惟 時生眼智明
명각 고집성제 이지당단 본소미증문법 당정사유 시생안지명

覺. 復次 苦集滅 此苦滅聖諦 已知當知作證 本所未曾聞法 當
각 부차 고집멸 차고멸성제 이지당지작증 본소미증문법 당

正思惟 時生眼智明覺. 復以此苦滅道跡聖諦 已知當修 本所未
정사유 시생안지명각 부이차고멸도적성제 이지당수 본소미

曾聞法 當正思惟 時生眼智明覺. 復次比丘 此苦聖諦 已知知已
증문법 당정사유 시생안지명각 부차비구 차고성제 이지지이

出 所未聞法 當正思惟 時生眼智明覺. 復次 此苦集聖諦 已知
출 소미문법 당정사유 시생안지명각 부차 차고집성제 이지

已斷出 所未聞法 當正思惟 時生眼智明覺. 復次 苦滅聖諦 已
이단출 소미문법 당정사유 시생안지명각 부차 고멸성제 이

知已作證出 所未聞法 當正思惟 時生眼智明覺. 復次 苦滅道跡
지이작증출 소미문법 당정사유 시생안지명각 부차 고멸도적

聖諦 已知已修出 所未曾聞法 當正思惟 時生眼智明覺. 諸比丘
성제 이지이수출 소미증문법 당정사유 시생안지명각 제비구

我於此四聖諦 三轉十二行 不生眼智明覺者 我終不得 於諸天
아어차사성제 삼전십이행 불생안지명각자 아종불득 어제천

魔梵沙門婆羅門聞法衆中 爲解脫爲出爲離 亦不自證阿耨多羅
마범사문바라문문법중중 위해탈위출위리 역불자증아누다라

三藐三菩提. 我已 於四聖諦三轉十二行 生眼智明覺故 於諸天
삼먁삼보리 아이 어사성제삼전십이행 생안지명각고 어제천

魔梵沙門婆羅門聞法衆中 得出得脫 自證得成阿耨多羅三藐三
마범사문바라문문법중중 득출득탈 자증득성아누다라삼먁삼

菩提."
보리

爾時 世尊說是法時 尊者憍陳如 及八萬諸天 離塵離垢 得法眼淨.
이시 세종설시법시 존자교진여 급팔만제천 이진이구 득법안정

爾時 世尊告 尊者憍陳如 "知法未?" 憍陳如白佛 "已知 世尊."
이시 세존고 존자교진여 지법미 교진여백불 이지 세존

復告尊者憍陳如 "知法未?" 拘隣白佛 "已知 善逝." 尊者拘隣
부고존자교진여 지법미 구린백불 이지 선서 존자구린

已知法故 是故名阿若拘隣.
이지법고 시고명아야구린

尊者阿若拘隣 知法已 地神擧聲唱言 '諸仁者! 世尊 於波羅奈
존자아야구린 지법이 지신거성창언 제인자 세존 어바라나

國仙人住處鹿野苑中 三轉十二行法輪. 諸沙門波羅門諸天魔梵
국선인주처녹야원중 삼전십이행법륜 제사문바라문제천마범

所未曾轉 多所饒益 多所安樂 哀愍世間 以義饒益 利安天人 增
소미증전 다소요익 다소안락 애민세간 이의요익 이안천인 증

益諸天衆 減損阿修羅衆.'
익 제 천 중  감 손 아 수 라 중

地神唱已 聞虛空神天 四天王天 三十三天 閻魔天 兜率陀天 化
지 신 창 이  문 허 공 신 천  사 천 왕 천  삼 십 삼 천  염 마 천  도 솔 타 천  화

樂天 他化自在天 展轉傳唱. 須臾之間 聞于梵天神 梵天乘聲唱
락 천  타 화 자 재 천  전 전 전 청  수 유 지 간  문 우 범 천 신  범 천 승 성 창

言 諸仁者! 世尊於波羅奈國 仙人住處鹿野苑中 三轉十二行法
언  제 인 자  세 존 어 바 라 나 국  선 인 주 처 녹 야 원 중  삼 전 십 이 행 법

輪. 諸沙門婆羅門 諸天魔梵 及世間聞法 所未曾轉 多所饒益
륜  제 사 문 바 라 문  제 천 마 범  급 세 간 문 법  소 미 증 전  다 소 요 익

多所安樂 以義饒益 諸天世人 增益諸天衆 減損阿修羅衆.'
다 소 안 락  이 의 요 익  제 천 세 인  증 익 제 천 중  감 손 아 수 라 중

世尊 於波羅奈國 仙人住處鹿野苑中 轉法輪 是故此經名轉法
세 존  어 바 라 나 국  선 인 주 처 녹 야 원 중  전 법 륜  시 고 차 경 명 전 법

輪經. 佛說此經已 諸比丘 聞佛所說 歡喜奉行.
륜 경  불 설 차 경 이  제 비 구  문 불 소 설  환 희 봉 행

# 전법륜경

이와 같이 나는 들었다. 한때 부처님께서는 바라나시의 선인(仙人)이 살던 곳인 녹야원에 계셨다. 이때 부처님께서는 다섯 비구들에게 말씀하셨다.

"이것은 괴로움의 거룩한 진리이다. 본래부터 일찍이 듣지 못한 법이니, 마땅히 바르게 생각하라. 그때에는 눈, 지혜, 밝음, 깨달음이 생길 것이다. 이것은 괴로움의 모임, 괴로움의 사라짐, 괴로움이 사라지는 길의 자취의 진리이다. 본래부터 일찍이 듣지 못한 법이니, 마땅히 바르게 생각하라. 그때에는 눈, 지혜, 밝음, 깨달음이 생길 것이다.

다음에는 괴로움의 진리에 대한 지혜도 다시 본래부터 일찍이 듣지 못한 법이니, 마땅히 바르게 생각하라. 그때에는 눈, 지혜, 밝음, 깨달음이 생길 것이다. 괴로움의 모임의 진리를 이미 알았으면 마땅히 끊어야 한다. 이것도 본래부터 일찍이 듣지 못한 법이니, 바르게 생각하라. 그때에는 눈, 지혜, 밝음, 깨달음이 생길 것이다. 다음에는 괴로움의 모임이 사라지는 진리이니, 이 괴로움이 사라지는 진리를 이미 알았으면 마땅히 증득할 줄 알아야 한다. 이것도 본래부터 듣지 못한 법이니, 마땅히 바르게 생각하라. 그때에는 눈, 지혜, 밝음, 깨달음이 생길 것이다. 다시 이 괴로움이 사라지는 길의 진리를 이미 알았으면 마땅히 닦아야 한다. 이것도 본래부터 일찍이 듣지 못한 법이니, 마땅히 바르게 생각하라. 그때에는 눈, 지혜, 밝음, 깨달음이 생길 것이다.

다음에는 비구들이여! 이 괴로움의 진리를 이미 알고 이미 알았으면, 나와서 아직 듣지 못한 법을 마땅히 바르게 생각하라. 그때에는 눈, 지혜, 밝음, 깨달음이 생길 것이다. 다시 이 괴로움의 모임의 진리를 이미 알고 이미 끊었으면, 나와서 아직 듣지 못한 법을 바르게 생각하라. 그때에는 눈, 지혜, 밝음, 깨달음이 생길 것이다. 다시 괴로움이 사라지는 진리를 이미 알고 이미 증득하였으면, 아직 듣지 못한 법을 바르게 생각하라. 그때에는 눈, 지혜, 밝음, 깨달음이 생길 것이다. 다시 괴로움이 사라지는 길의 진리를 이미 알고 이미 알았으면, 일찍이 듣지 못한 법을 바르게 생각하라. 그때에는 눈, 지혜, 밝음, 깨달음이 생길 것이다.

비구들이여! 내가 이 네 가지 진리의 삼전 십이행(三轉 十二行)에 대하여 눈, 지혜, 밝음, 깨달음이 생기지 않았으면, 나는 끝내 모든 하늘, 악마, 범천, 사문, 바라문들의 법을 듣는 대중 가운데에서 해탈하고, 나오고, 떠나지 못하였을 것이요, 또한 스스로 아누다라삼먁삼보리를 증득하지 못하였을 것이다. 그러나 나는 이미 네 가지 진리의 삼전 십이행에 대하여 눈, 지혜, 밝음, 깨달음이 생겼기 때문에, 모든 하늘, 악마, 범천, 사문, 바라문들의 법을 듣는 대중 가운데에서 나오게 되고, 벗어나게 되었으며, 스스로 아누다라삼먁삼보리를 이루게 되었느니라."

그때 세존께서 이 법을 말씀하시자, 존자 교진여와 팔만의 모든 하늘들은 티끌을 멀리하고 때를 여의어 법의 눈이 깨끗하게 되었다.

그때 세존께서는 존자 교진여에게 말씀하셨다.

"법을 알았느냐?"

교진여는 부처님께 여쭈었다.

"이미 알았나이다, 세존이시여!"

다시 존자 교진여에게 물으셨다.

"법을 알았느냐?"

교진여는 부처님께 여쭈었다.

"이미 알았나이다, 선서시여!"

존자 교진여는 이미 법을 알았기 때문에, 이름을 '아야구린'이라고 부르셨다. 존자 아야구린이 법을 알자, 지신(地神)들은 소리를 높여 외쳤다.

'여러분! 세존께서는 바라나시의 선인이 살던 녹야원에서 삼전 십이행의 법 바퀴를 굴리셨소. 이것은 모든 사문, 바라문이나 모든 하늘, 악마, 범천들이 일찍이 돌리지 못한 것이오. 많이 이익되게 하고 많이 안락하게 할 것이오. 세간을 가엾이 여기시어 이치로써 이롭게 하시고, 하늘 사람들을 이롭고 편안하게 하시어, 하늘 무리들은 더욱 불어나게 하고, 아수라 무리들은 줄게 하셨소.' 라고.

지신이 외쳐 마치자, 허공신천, 사천왕천, 염마천, 도솔천, 화락천, 타화자재천에까지 들려 서로 이어 외쳐, 잠깐 동안에 범천까지 들렸다. 범천도 그 소리를 받아

'여러분! 세존께서는 바라나시의 선인이 살던 녹야원에서 12행의 법 바퀴를 세 번 굴리셨소. 이것은 모든 사문, 바라문이나 모든 하늘, 악마, 범천들이 일찍이 굴리지 못한 것이오. 많이 이익되게 하고, 많이 안락하게 할 것이오. 세간을 가엾이 여기시어 이치로써 이롭게 하시고, 하늘 사람들을 이롭고 편안하게 하시어, 하늘 무리들은 더욱 불어나게 하고, 아수라 무리들은 줄게 하셨소.' 라고 외쳤다.

세존께서 바라나시의 선인이 살던 녹야원에서 법바퀴를 굴리셨기 때문에, 이 경을 전법륜경이라 부른다.

부처님께서 이 경을 말씀하시자, 여러 비구는 부처님의 말씀하신 바를 듣고 기뻐하며 받들어 행하였다.

# 찾아보기

# 네 가지
# 거룩한 진리와 공空

**2020년 1월 06일 인쇄**
**2020년 1월 15일 발행**

**지은이** 이 상 규
**발행인** 이 주 현
**발행처** 도서출판 해조음
**등 록** 2002. 3. 15. 제 2-3500호
　　　　서울시 중구 필동3가 39-17 리엔리하우스 203호
　　　　전화 (02)2279-2343
　　　　전송 (02)2279-2406
　　　　메일 haejoum@naver.com

값 15,000 원

ISBN 978-89-91107-06-9　03220